문지스펙트럼

우리 시대의 지성
―――――――――
5-019

복화술사들
— 소설로 읽는 식민지 조선

김철

문학과지성사

우리 시대의 지성 기획위원 김병익·정과리·최성실

문지스펙트럼 5-019
복화술사들 — 소설로 읽는 식민지 조선

초판 1쇄 발행 2008년 2월 28일
초판 4쇄 발행 2016년 2월 17일

지은이 김철
펴낸이 주일우
펴낸곳 ㈜문학과지성사
등록번호 제1993-000098호
주소 04034 서울 마포구 잔다리로7길 18(서교동 377-20)
전화 02)338-7224
팩스 02)323-4180(편집) 02)338-7221(영업)
전자우편 moonji@moonji.com
홈페이지 www.moonji.com

ISBN 978-89-320-1842-3
ISBN 978-89-320-0851-6(세트)

ⓒ 김철

이 책의 판권은 지은이와 ㈜문학과지성사에 있습니다.
양측의 서면 동의 없는 무단 전재 및 복제를 금합니다.

복화술사들
—소설로 읽는 식민지 조선

책머리에

이 책은, 나의 다른 책들이 언제나 그렇듯이, 어떤 모순 혹은 불균형의 산물이다. 그 모순이란, 우선 간단히 말하면, 내가 처한 위치와 내가 하는 말들 사이의 모순이다. 좀더 자세히 말해보도록 하자.

내 직업은 국어국문학과의 교수이다. 이른바 '국어'와 '국문학'을 공부하고 가르치는 것이 내 일이고, 나는 그것으로 밥을 먹고 산다. 그런데 나는 꽤 오랫동안, 내 밥벌이의 수단이자 내 공부의 근거인 이 '국어'와 '국문학'이 실은 매우 의심스러운 존재라는 것, '국어'나 '국문학'이란 것을 그렇게 신성하게 떠받들어야 할 이유가 전혀 없다는 것 따위를 이런저런 형태의 글이나 책을 통해 주장해왔다. 이 책도 그런 주장의 연속선상에 있다.

국어국문학과의 교수라는 사람이 국어와 국문학의 존재에 대해 의문을 제기하는 것은 아무래도 이상해 보이고, 어떤 사람들에게는 격분마저 불러일으키는 일일지도 모른다. 그러나 내 나름의 이유가 없는 것은 아니다. 이 책에 실린 글들이 그 이유를 설명해줄 것이다.

나는 '국어의 순수성' '국어의 단일성' 따위의 말을 결코 믿지 않으며, 더구나 '국어의 우수성' 따위를 주장하는 사람들을 보기를 '돌같이' 한다. 이 책에 실린 글들은 그런 관점에서 씌어졌으며, 또 그런 관점을 주장하고 논증하기 위해 씌어졌다.

이 책을 모순의 산물이라고 하는 또 다른 이유는, 이 책에 실린 글들의 고향(?)과 관련된 것이다. 이 책에 실린 열세 편의 글들은, 국립국어원이 발간하는 계간지 『새국어생활』의 '우리 소설, 우리 말'이라는 고정란에 2004년부터 2007년까지 3년간 연재된 것이다(그중 「한국어의 '근대'」는 나의 다른 책 『'국민'이라는 노예』(삼인, 2005)에, 그리고 「한국 소설과 표준어」는 국립국어원이 펴낸 『방언이야기』(태학사, 2007)에 수록되었다).

애초에 국립국어원 측의 청탁 의도는 '우리 소설' 중에 '우리 말' 표현의 탁월함을 보여주는 내용들을 소개해달라는 것이었는데, 보다시피 필자는 편집자의 의도를 번번이 무시하거나 배반하였다. 책이 나올 때마다 나는 편집자에게 실로 깊은 존경과 감사의 마음을 갖지 않을 수 없었다. '국어'의 선양과 보호를 임무로 하는 국립국어원의 기관지에 '국어'의 존재 방식에 대해

회의를 표명하는 글을 3년간이나 연재하게끔 허락해준 담당자들의 열린 마음과 아량에 이 자리를 빌려 다시 한 번 감사의 말씀을 드린다.

그러나 이 책에 실린 열세 편의 글들이 모두 직접적으로 '국어'와 관련된 것은 아니다. 수적으로 그것은 반에도 못 미친다. 한국어의 문제를 다루었든 아니든 간에 이 글들을 일관하고 있는 것은, 한국어와 한국 소설의 '근대화'와 관련된 문제들이다. 그리고 그 대상은 일제 식민지 기간이다. 지금 우리가 읽고 쓰고 말하는 한국어와 한국 문학은 일제 식민지 기간에 그 기본적인 틀이 형성되고 자리가 잡혔다. 식민지가 근대며 근대는 식민지이다. 이것을 부정하면 실상이 안 보이고, 실상이 안 보이면 어거지와 폭력이 난무한다. 이 책에 실린 글들이 시도한 것은 한국어와 한국 소설에 관한 그러한 실상을 가능한 대로 드러내보려는 것이었다.

그러한 시도가 얼마나 성공적이었는지는 나로서는 알 수 없다. 애초에 연재를 부탁했던 국립국어원 측의 의도도 그러했고 나 역시 동의했던 것은, 각주(脚註) 같은 것이 줄줄이 달린 번거로운 논문 형식이 아닌, 일반 독자도 읽기 쉬운 평이한 내용의 글을 쓴다는 것이었다. '각주가 달린 논문은 일반인이 읽기 어렵다'는 전제도 사뭇 의심스러운 것이기는 했지만, 어쨌든 나로서는 최대한 '쉽게' 쓴다는 원칙에 맞추어보려고 애를 썼다.

그러나 그다지 성공한 것 같지는 않다. 식민지나 근대가 그렇게 쉽게 이해될 수 있는 것이라면 얼마나 좋으랴.

그러니 이 책에 실린 글들을 읽고 '어렵다'고 느낀 독자가 있다면, 그는 자신이 문제를 제대로 인식하고 있음을 깨닫고 기뻐할 일이다. 반대로 너무 쉬워서 별로 건질 것이 없다고 느낀 독자가 있다면, 그는 어려운 문제를 쉽게 만들어버린 저자의 단순함과 지적 천박함을 꾸짖어주기 바란다. 쉽게 쓰려고 의도했으나 정작 쉽게 읽힌다면 저자로서는 그다지 반갑지 않은 결과가 되는 것—이것이야말로 어쩌면 이 책이 지닌 가장 큰 모순일지도 모른다.

이렇듯 모순과 불균형의 산물인 이 글들을 매끄럽게 균형 잡힌 책으로 묶어내준 문학과지성사 편집부의 여러분들께도 깊은 감사의 말씀을 드린다.

2008년 2월
김 철

차례

책머리에

1. "梅毒 神藥 ヨ—トカリ丸(요-도가리환)"
   ―한국어의 '근대' • 13

2. "칸바스 위에 부딪쳐 흩어지는 한 텃취의 오일과도 같은……"
   ―기차와 한국 소설 • 25

3. "너 어딯개 여기 완?"
   ―한국 소설과 표준어 • 37

4. "재판에두 양반 상놈이 있나요?"
   ―한국 소설과 근대 사법(司法) • 49

5. "우선 말부터 영어로 수작하자"
   ―한국 소설과 영어 • 63

6. "연애는 환장이니라"
   ―한국 소설과 에로티시즘 • 76

7. "나는 내지인 규수한테로 장가를 들래요"·
   ―한국 소설과 '내선 결혼' • 89

8. "왕복 엽서처럼 돌아온 그녀"
 —한국 소설과 우편 제도 • 103

9. "커피차, 부란데, 연애 사탕, 그리고 난찌"
 —'먹거리'와 식민지 모더니티 • 117

10. "the agitators are 辱ing me"
 —'한국어'의 탄생 • 131

11. "금 같은 힘이 어됬나?"
 —황금과 한국 소설 • 144

12. 식민지의 복화술사(複話術師)들
 —조선 작가의 일본어 소설 쓰기 • 156

13. "벌거벗겨놓고 보니 매 갈 데가 어딥니까"
 —한국 소설과 8·15 해방 • 168

1. "梅毒 神藥 ヨートカリ丸"
——한국어의 '근대'

박태원(朴泰遠, 1909~86)의 소설 「소설가 구보씨의 일일」(1934)은 그의 연작 장편소설 『천변풍경』과 함께 많은 연구자들의 눈길을 잡아끄는 매력적인 작품이다. "어디 월급 자리라도 구할 생각은 없이, 밤낮으로, 책이나 읽고 글이나 쓰고, 혹은 공연스레 밤중까지 쏘다니"다가 "열한점이나 오정에야 일어나는" 스물여섯 살의 노총각 '구보(仇甫)'는 오늘도 일없이 집을 나서 '경성' 시내를 헤매고 다닌다. 예나 이제나 백수의 신세는 여전한 법. 오라는 데는 없어도 갈 곳은 많다.

그리하여 '소설가 구보씨'는 오늘도 한 손엔 단장(短杖)을 들고 또 한 손엔 공책을 든 채, 청계천변의 집을 나와 종로 화신백화점을 거쳐, 전차를 타고 약초정(藥草町: 오늘날의 약수동)을 지나 조선은행(한국은행) 앞에서 전차를 내려, 장곡천정(長

谷川町: 소공동)을 걸어 남대문을 지나 경성역으로, 다시 조선 은행을 지나 종로 네거리를 거쳐 황톳마루로 나갔다가 다시 종로로, 이어 조선 호텔 앞을 지나 황금정(黃金町: 을지로)을 거쳐 낙원정(樂園町: 낙원동)을 돌아 밤늦게 집으로 돌아오는 것이다. 이 하루의 행로에서 그가 들르거나 지나는 도시의 공간들, 예컨대 다방, 카페, 백화점, 전차, 경성역, 서점 등과 그곳에서 마주치거나 스치는 온갖 인물들의 모습은, 이 소설이 발표된 1934년 9월 어느 날 식민지 경성의 풍경과 습속에 대한 정밀한 기록 사진이 아닐 수 없다.

자신이 살고 있는 당대의 시공간을 마치 머나먼 과거의 유물을 발굴하는 듯한 고고학자(考古學者)의 시선으로 세밀하게 관찰하고 기록하는 이러한 작업은 일찍이 고현학(考現學, modernology)이라는 이름으로 일본의 건축가 곤 와지로(今和次郎, 1888~1973)에 의해 수행되던 새로운 문화학적 탐색법이었다. 과연,「소설가 구보씨의 일일」에서 주인공은 한 손에 공책을 들고 주위의 일상 풍습들을 기록하는 자신의 작업을 가리켜 '고현학'이라고 부른다. 자기 소설에 대한 양보할 수 없는 예술가적 긍지와 자부심, 떠나간 사랑에 대한 쓰라린 회한을 가슴에 품은 채, 아침부터 밤까지 그다지 넓지 않은 공간을 배회하는 이 주인공의 고현학적 시선을 따라, 독자는 자본의 끝없는 욕망들이 어지러이 질주하는 1930년대 식민지 경성의 부화한 풍속을 조금의 가감도 없이 밀착해서 바라보게 된다.

그러나 박태원 소설의 진면목은 이러한 사회학적 탐구의 내용보다는 그가 구사하는 치밀하고도 정교하게 계산된 문체(文體)에 있는 것이기도 하다. 작가란 자신이 쓰고 있는 문장 그 자체에 대해 끊임없는 자의식과 의심을 표현하는 존재이다. 이런 의심과 반성이 없는 작가란 필시 가짜일 터이다. 그런 의미에서 작가는 자기 문장에 대해서도 '고현학적 방법'을 취하는 존재일 것이다. 예컨대,「소설가 구보씨의 일일」에서 다음과 같은 문장을 보자.

 어머니는 다시 바느질을 하며, 대체, 그애는, 매일, 어딜, 그렇게, 가는, 겐가, 하고 그런 것을 생각하여 본다.

 위의 짧은 문장에서 쉼표의 과다한 사용이 인물의 심리 묘사에 얼마나 성공적이었는가를 따지는 것은 부질없는 짓이다. 이 문장에 쉼표를 어디에 어떻게 찍을 것인가, 하는 문제에는 아무도 정답을 제시할 수 없을 것이다. 아마 무수히 많은 방식이 있을 것이다. 쉼표만 문제가 되는 것은 아니다. 예컨대, 이런 경우는 어떤가.

 1) 어머니는 다시 바느질을 하며, '대체 그애는 매일 어딜 그렇게 가는 겐가' 하고 그런 것을 생각하여 본다.

2) 어머니는 다시 바느질을 하며, (대체 그애는 매일 어딜 그렇게 가는 겐가) 하고 그런 것을 생각하여 본다.

3) 어머니는 다시 바느질을 하며, 〈대체 그애는 매일 어딜 그렇게 가는 겐가〉 하고 그런 것을 생각하여 본다.

4) 어머니는 다시 바느질을 하며, '대체 그애는 매일 어딜 그렇게 가는 겐가?' 하고 그런 것을 생각하여 본다.

이외에도 무수히 많은 구두법punctuation의 방식이 있을 수 있다. 그런데 박태원은 앞에서 본 바와 같은 방식을 택했다. 박태원은 그의 소설에서 자주 수많은 쉼표를 찍어넣는 '실험'을 하였다. 그것을 실험이라고 부르는 것은, 쉼표나 마침표, 물음표, 따옴표, 감탄 부호, 말없음표 등등의 문장 부호를 사용하여 문장을 구성하고 그것을 통해 심리를 전달하는, 이제는 누구나 별로 특별한 생각 없이도 하고 있는 이러한 방식의 문장 작성법은 1930년대에는 '매우 특별한 생각'이 있어야 가능했던 것이기 때문이다.

요컨대, 그것은 한국어의 '근대화'와 관련된 일이었다. 다시 말해, 문장 작성에서 구두법이 문제 된다는 것은 활자 인쇄와 유통이라는 글쓰기와 읽기의 근대적 산업화의 상황 및 서양 문장의 번역이라는 또 다른 상황을 전제로 하는 것이다. 이 점에 관한 상론은 이 글에서는 생략한다. 이 글에서 주목하고자 하는 것은 한국어의 '근대화'가 수행되는 이러저러한 장면들이다.

한국어(조선어)로 글을 쓴다는 것은 무엇인가? 그것은 물짐승이 알에서 깨자마자 물 위를 헤엄치고 날짐승이 눈을 뜨자 곧이어 하늘을 나는 것처럼, 이미 주어진 언어를 주어진 방식으로 그냥 쓰기만 하면 되는 일이 결코 아니었다. 근대 문학 초창기 작가들의 한국어 글쓰기, 특히 소설 쓰기란 사실상 외국어로 글쓰기와 조금도 다를 바 없었다. 이 점에 관한 김동인(金東仁, 1900~51)의 유명한 회고가 있다.

> 소설을 쓰는 데 가장 먼저 봉착하여—따라서 가장 먼저 고심하는 것이 '用語'였다. 구상은 일본말로 하니 문제 안 되지만, 쓰기를 조선글로 쓰자니, 소설에 가장 많이 쓰이는 'ナツカシク' '-ヲ感ジタ'-ニ違ヒ)'カッタ''-ヲ覺エタ' 같은 말을 '정답게' '을 느꼈다' '틀림(혹은 다름) 없었다' '느끼(혹 깨달)었다' 등으로—한 귀의 말에, 거기 맞는 조선말을 얻기 위하여서 많은 시간을 소비하고 있었다. 그러고는 막상 써놓고 보면 그럴 듯하기도 하고 안 될 것 같기도 해서 다시 읽어보고 따져보고 다른 말로 바꾸어보고 무척 애를 썼다. 지금은 말들이 '會話體'에까지 쓰이어 완전히 조선어로 되었지만 처음 써볼 때는 너무도 직역 같아서 매우 주저하였던 것이다. 〔……〕
>
> 술어에 관해서도 한문 글자로 된 술어를 좀더 조선어화해볼

수 없을까 해서 '교수'를 '가르킴'이라는 등, 대합실을 '기다리는 방'(「약한 자의 슬픔」 제1회분에서는 '기다림 방'이라 했다가 제2회분에서는 '기다리는 방'이라 고치었다)이라는 등 창작으로서의 고심과 아울러 그 고심에 못지 않은 '용어의 고심'까지, 이 두 가지 고심의 결정인 처녀작 「약한 자의 슬픔」을 써서 "4천 년 조선에 신문학 나간다"고 천하를 향하여 큰 소리로 외치고 싶은 충동을 막을 수 없었다. (김동인, 「문단 30년의 자취」, 『김동인 전집 8』, 홍자출판사, 1968, pp. 395~96)

"구상은 일본말로 하되 쓰기는 조선글로 썼다"는 김동인의 이 고백만큼 한국 근대 문학이 그 출발점에서 안고 있었던 이중 삼중의 고단한 처지를 압축적으로 담고 있는 말은 달리 없을 것이다. 일본을 거쳐 들어온 서구의 새로운 문물로서의 '소설,' 그것을 한국어로 쓴다는 행위. 이 행위 속에서 한국어의 위치는 거의 외국어의 그것에 가까울 수밖에 없다. 1906년 이인직(李人稙, 1862~1916)의 신소설이 등장한 이후, 영어의 삼인칭 주어 He, She 그리고 일인칭 주어 I에 대응하는 한국어의 '그' '그녀' 그리고 '나'를 찾아내고 정착시키기까지 한국 소설의 문체 혹은 한국어 문어체가 얼마나 많은 실험들과 착오들을 거쳐야 했던가를 기억한다면, 근대 문학 초창기의 작가들에게 한국어가 외국어에 필적한 것이었다는 점은 충분히 짐작할 수 있을 것이다.

물론 이 실험들의 기본 모델은 일본에서 이미 실험된 것들이었다. "이때에 있어서 '일본'과 '일본글' '일본말'의 존재는 꽤 큰 편리를 주었다. 그 語法이며 문장 변화며 문법 변화가 조선어와 공통되는 데가 많은 일본어는 따라서 先進의 역할을 하게 되었다"(김동인, 같은 글). 이러한 진술을 한국 근대 문학의 형성에 새겨진 뿌리 깊은 식민성의 증거로 내세우는 것은, 틀린 일은 아니겠지만, 문제의 소재를 정확히 짚은 것이라고 할 수는 없다.

보기에 따라서 다음과 같은 이인직의 소설 역시 또 다른 식민성의 움직일 수 없는 증거일 것이다. 이인직은 『혈(血)의 루(淚)』를 '만세보'에 발표하기 20일 전쯤에 다른 소설 한 편을 3회에 걸쳐 연재한다. 제목도 없이 「소설 단편(小說短篇)」이라는 이름으로 시작된 이 소설은 마지막 회가 실린 신문이 멸실되어 그 내용을 온전히 알 수는 없지만, 많은 연구자들의 눈길을 끄는 것은 이 소설의 표기 방식이다. "이 小說은 國文으로만 보고 漢文音으로는 보지 말으시오"라는 작가의 주석이 달린 소설의 첫 문장은 이러하다.

  땀   비   긔운 토   구름   스람   서울길
汗을쑤려雨가되고氣을吐ㅎ야雲이되도록人만흔곳은長安路이
  묘동   서울   엇자그리
라廟洞도都城이언마는何其쓸쓸ㅎ던지

汗, 雨, 氣, 雲, 人, 長安路, 都城, 何其라는 한자어의 위에

'쌈' '비' '긔운' '구름' '스람' '서울길' '서울' '엇자그리' 등의 한자의 훈(訓)을 새겨넣는 이러한 표기법에서 당장 일본어의 루비(ルビ)식 표기를 떠올리는 것은 무리가 아니다. 그러나 일본어의 표기법을 그대로 적용하는 이러한 실험은 별로 효과를 보지는 못했다. 이인직의 다음 소설 『혈의 루』에 오면 이러한 표기법은 아주 사라진 것은 아니지만 거의 눈에 띄지 않는다. 그는 아마도 이 방식의 번거로움을 한 번의 실험을 통해서 깨달았던 듯하다. 그러나 곧이어 보듯이, 소설에서는 사라졌지만 다른 일상의 용법에서 이 방식은 널리 사용되었다.

이인직의 소설에 이어 한국 소설의 새로운 장을 연 이광수(李光洙, 1892~1950)의 『무정』(1917)을 보자. 주인공 이형식이 안국동 네거리에서 친구 신우선을 만나는 첫 장면의 다음과 같은 대화들을 주목해보자.

"여자야."
"요—. 오메데또오. 이이나즈께(약혼한 사람)가 있나 보에그려. 움. 나루호도(그러려니). 그러구도 내게는 아무 말도 없단 말이야. 에, 여보게" 하고 손을 후려친다.
형식이 하도 심란하여 구두로 땅을 파면서
"아니야, 저, 자네는 모르겠네, 김장로라고 있느니……"
"옳지. 김장로의 딸일세그려. 응. 저, 옳지 작년이지, 정신여학교를 우등으로 졸업하고 명년 미국 간다는 그 처녀로구먼. 베리 굿."

"자네 어떻게 아는가."

"그것 모르겠나. 이야시꾸모 신문기자가. 그런데 언제 엥게지멘트를 하였는가."

"아니어. 영어 준비를 한다고 날더러 매일 한 시간씩 와달라기에 오늘 처음 가는 길일세."

"아따. 나를 속이면 어쩔 터인가."

'오메데또오' '이이나즈께' '나루호도' '베리굿' '이야시꾸모' '엥게지멘트' 등의 말들이 자연스럽게 입에 오르는 이 장면은 예컨대, 1920년대 이래 일간 신문을 펼치면 아무 데서나 발견되는 다음과 같은 상품 광고의 문구들과 함께 근대 한국어의 상황을 짐작하는 데에 매우 적절한 자료가 된다.

アイアン高級萬年筆/ 安全裝置インク式 正十四金펜 エボナイト(에보나이트)軸/ 一號 잇게루(니켈nickel: 필자 주) 十五圓

기침이 原因으로 만히 죽기는 只今! 參天セキ藥 (삼텬 감기 약)

ゼニワ石鹸優良宣傳デー (돈 표 비누우량 선전 데-)

1. "梅毒 神藥 ヨードカリ丸" (요-도가리환)

요 - 도가리 환
梅毒 神藥 ヨートカリ 丸

한글과 한자, 일본식 영어 표기, 일본음의 한글 표기, 일본 한자음의 한국식 독음, 일본어 단어의 한국어 뜻 표기 등등이 어지러이 얽혀 있는 이러한 문자 체계들이야말로 식민지 시기 한국어의 일상적인 상황이었다. 이것을 어떻게 해석할 것인가?

이러한 사실들에서 눈여겨보아야 할 것은 한국 근대 소설과 근대 어문에 새겨진 식민성이 아니라, 근대 '한국어'가 만들어지는 과정이다. '순수하고 완결된 형태의 한국어'란, 다른 모든 언어들이 그렇듯이, 존재하지 않는다. 고대나 중세의 한국어가 북방의 이언어(異言語)들과의 관계에서 그러했듯이, 근대의 한국어는, 그리고 한국어의 근대화는 19세기 말로부터 20세기에 걸쳐 역시 같은 과정을 겪고 있었던 일본어와의 이러한 혼성(混成)을 통해 이루어지고 있었다는 사실을 바로 볼 필요가 있다. 이것을 '순수한 한국어'에 '잡스러운 일본어'가 침투한 것으로, 아니면 '제국주의의 언어'가 '식민지의 언어'를 지배한 결과로 보는 한, '일본어로 구상하고 조선어로 써야 했던' 근대 초기 작가들의 언어를 둘러싼 사투(死鬪)는 이해되지 않는다. 더 나아가 그러한 사투 끝에 도달한 놀라운 창조의 결실들도 제대로 포착되지 않는다. 남는 것은 오로지 순수한 모국어를 오염시킨 불결한 침입자들을 몰아내고 추방하려는 정화와 청산에의 선병질적 욕망뿐이다(물론 그 욕망이 해낼 수 있는 것은 폭력 외에 아무엇도 없다).

신문이나 잡지 등 새로운 인쇄 매체의 등장과 보통학교 교육의 확대가 한국어와 한글의 표기 체계를 근대화하는 결정적인 물질적 기초였다는 사실은, 근대 한국어의 식민성을 강조하는 것보다 훨씬 깊이 반추되어야 할 사항이다. 요컨대, 근대 한국어와 한글은, 근대와 처음으로 대면했던 모든 한국인들에게 근대가 그러했듯이, 낯설고 '외래적'인 것이었다. 이 낯선 외래적인 것을 '자기 것'으로 삼는 데에 바쳐진 안타까운 노력과 수많은 실패들을 기억하지 않는다면 '식민지의 잔재'는 영원히 '청산되지 않을 것이다.

그런 점에서 나는 이 글의 첫머리에서 인용했던 「소설가 구보씨의 일일」에서의 다음과 같은 짧막한 문장을 볼 때마다 형언할 실 없는 착잡한 심정에 사로잡히곤 한다.

가엾은 벗이 있었다. 〔……〕 그는 거의 구보의 친우였다.

이 이상한 문장을 이해할 현대 한국인은 아마 거의 없을 것이다. 이 문장에서 '벗'과 '친우'는 다른 뜻으로 쓰인 단어이다. 1930년대의 한국어는 그러했던 것일까? 물론 아니다. 이 문장을 쓸 때 작가 박태원의 머릿속에서는 일본어 '親友(しんゆう)'가 떠오른 것이다. 일본어에서 'しんゆう'는 한국어의 '친구'나 '벗'보다는 훨씬 가까운 사이의 친구를 가리킨다. 따라서 일본

어로 읽으면 '그는 벗이라기보다는 거의 친우였다'라는 말은 충분히 의미가 통하는 문장이다. 그러나 한국어로 그대로 옮겼을 때 이 문장은 알 수 없는 뜻이 되고 만다. 아마도 당대의 독자들은 자연스럽게 혹은 무의식적으로 이 단어를 일본어의 의미로 바꾸어 읽었을지도 모른다. '일본말로 구상하고 조선어로 썼던' 근대 작가들의 고단한 숙명이 짧은 문장 속에 여지없이 압축되어 있는 사례로서 이만한 것은 달리 없을 것이다.

나는 이 문장을 볼 때마다, 원고지를 마주한 채 수없이 쉼표를 넣었다 뺐다 하면서 한글 문장의 맛과 결을 창조하기 위해 노심초사하는 박태원의 모습과, 그럼에도 불구하고 무의식적으로 작동하는 일본어의 세계 속에서 허우적거리는 수많은 식민지 작가의 숙명이 그림처럼 떠오르곤 한다. 근대 문학의 역사는 이 숙명들과 더불어 산 흔적의 역사이며 우리는 그 흔적이 남긴 또 다른 흔적인 것이다. 물론 모두들 그것을 기억하고 있지 않기는 하지만……

2. "칸바스 위에 부딪쳐 흩어지는 한 텃취의 오일과도 같은……"
——기차와 한국 소설

1843년 파리에서 오를레앙을 오가는 열차 노선이 개통되었을 때, 독일 시인 하이네Heinrich Heine는 "결과를 예상할 수 없는 엄청난 일이 일어났을 때의 무시무시한 전율"이라고 그 느낌을 표현하였다. 탄광 지역에서 석탄 운반용으로 쓰이던 기관차가 일상적인 교통수단으로 전환되기 시작하는 19세기 초반의 변화는, 한 서정 시인의 눈에 '무시무시한 전율'로 비쳤을 정도로 엄청난 충격과 공포를 야기하는 것이었다. 1832년에 씌어진 한 문서는 '아주 가볍게 평균 시속 24킬로미터를 내는 리버풀 철도'에 관해 기록하고 있는데, 가장 빠른 우편 마차의 속도가 시속 16킬로미터를 넘지 못하던 시대에 이 속도는 "공간과 시간의 파괴"라는 표현을 얻었다. 속도가 속도를 부르는 것은 정한 이치. 1832년에 시속 24킬로미터를 내던 영국 기차의 '경이

적인' 속도는 1845년에 이르면 무려 시속 48킬로미터에 이르고, 가장 빠른 기차는 시속 74킬로미터를 기록했다. 열차는 종종 '총알'로 비유되곤 했는데 그것이 썩 실감에 부합하는 비유였음은 말할 것도 없다.

열차의 등장이 인간의 삶과 지각 방식에 초래한 변화는 헤아릴 수 없이 크고 많다. 열차 시간표의 통일을 위한 전국 표준시(時)의 제정이나 열차 역을 중심으로 한 새로운 도시들의 건설 같은 사회 시스템의 변화는 차치하고라도, 그것이 초래한 가장 큰 변화는 새로운 공간과 시간에의 경험이었다. 종래의 운송 수단은 어느 것이나 자연을 거스를 수 없었다. 예컨대, 마차는 말의 육체와 마차가 다닐 수 있는 도로의 한계에 종속되었으니, 정거장 사이의 거리는 말이 하루 동안 달릴 수 있는 거리를 넘을 수 없었고, 도로는 산과 강의 지형을 따를 수밖에 없었다. 넘을 수 없는 곳은 돌아야 했고 건널 수 없는 곳은 더 멀리 돌아야 했다. 그러나 철도는 달랐다. 그것은 '매끄럽고 평평하고 단단한 직선의 길,' 즉 뉴턴의 제1운동법칙(외부로부터의 충격—마찰—이 없으면 물체는 균일한 운동 상태를 영원히 유지한다)을 실현시킬 수 있는 '완전한 길'이었다. 그 길 위를 열차는 총알처럼 튀어 나갔다. 철도는 도시를 가로지르고 산을 뚫고 강을 건너 일직선으로 뻗어나갔다.

무시무시한 속도로 달리는 열차 안에서 사람들은 새로운 공간과 시간을 경험하게 되었다. 열차는 사람들에게 이전에는 도

달할 수 없었던 공간을 열어주었다. 동시에 A라는 출발지에서 B라는 목적지로의 신속하고도 직선적인 이동만을 목표로 하는 열차는 A와 B 사이에 존재하는 공간들을 잊게 만들었다. 실로 "철도를 통해서 공간은 살해당했다"(하이네).

한편 철도 여행이 안겨준 새로운 공간 경험 중의 하나는 차창을 통해서 보이는 파노라마적 경관(景觀)이었다. 말이 내뿜는 거친 숨소리와 그 육체의 진동을 생생히 느끼면서 주위의 경관을 손에 잡을 듯이 바라보며 움직이던 인간의 감각이, 감당할 수 없는 속도로 다가와 쏜살같이 사라져가는 유리창 너머의 풍경을 접할 때 어떤 혼란과 경이로움으로 가득 찼을 것인지는 상상하기 어렵지 않다. 프랑스의 상징주의 시인 베를렌Paul Verlaine의 시 한 구절은 그 경험을 매우 사실적으로 묘사하고 있다. 번역이라시 제 맛은 거의 사라졌을 터이지만 여기에 인용해둔다.

> 쏜살같이 달려가는 창문틀 안에 담긴 전원,
> 물이 흐르는 평지, 들, 나무들과 하늘
> 모두 회색빛의 소용돌이 속으로 빨려 들어간다
> 회오리는 가느다란 전신주 위에 멈추네[1]

---

1) 철도의 등장과 그 사회적 의미에 관한 이상에서의 설명은 볼프강 쉬벨부쉬, 『철도여행의 역사』, 박진희 옮김(도서출판 궁리, 1999) 참조.

이 새로운 감각의 경험이 작가들의 창작의 원천이 되었던 것은 당연한 일이겠는데 그것은 한국 문학에서도 예외가 아니다. 이태준(李泰俊, 1904~?)은 1938년에 만주의 조선인 농민 부락을 시찰하는 기행문을 '조선일보'에 연재한다. 당시에 부산을 출발하여 경성(서울)을 거쳐 평양을 지나 압록강을 넘어 만주국의 봉천(심양)으로 닿는 특급 열차의 이름은 '노조미'(のぞみ, 희망). 평양에서 밤차를 타면 아침에 봉천에 도착하는 완행열차로는 수십만의 농민이 압록강을 넘어 이주했다.

이태준도 평양에서 특급 열차 '노조미'를 타고 봉천에 도착한다. 봉천에서 만주국의 수도인 신경(장춘)을 지나 국경 도시 하얼빈으로 닿는 그 유명한 만주 철도 노선에는 일본 제국이 세계에 자랑하는 최신식의 특급열차 '아세아'가 운행되고 있었다. 이 열차의 호화로움은 당대 세계 최고급의 수준이었는데, 이태준의 기행문이 이 열차에 대한 묘사를 빠뜨리지 않고 있음은 물론이다. 시속 60킬로미터의 "심록색의 탄환과 같은 유선형 기차"에 앉아 백계 러시아인 소녀가 가져다 주는 한 잔의 커피를 마시며 달려 나가는 느낌을 그는 "새 이발 기계로 머리를 깎는 것 같은 감촉"이라는 말로 표현하고 있다. 기차의 규칙적인 진동과 거기서 느끼는 새로운 육체적 감각, 고속도의 질주와 그 질주 속에서의 안정감을 이렇게 산뜻하게 묘사한 표현은 아마 달리 찾기 어려울 것이다.

그러나 일찍이 철도 여행의 초기부터 그것을 "공간의 살해"로

파악했던 사람들이 있었던 것에서 알 수 있듯이, 이 총알 같은 속도와 파노라마적 시각의 경험은 처음부터 덧없는 모더니티의 환유가 되기에 충분한 것이었다. "모든 단단한 것은 녹아서 대기 중에 사라진다"는 「공산당 선언」의 그 유명한 시적 표현은, 풍경을 지우며 질주하는 기차의 속도에 관한 최고의 명언으로 읽어도 그럴듯하다.

차창 밖으로 쏜살같이 달려와 스러지는 외부의 풍광을 당대성contemporaneity의 은유로 읽어냈던 한국 작가는 최명익(崔明翊, 1902~?)이었다. 1939년에 발표된 중편 「심문(心紋)」은 이렇게 시작된다.

時速 五十 몇 키로라는 특급 차창 밖에는, 다리 쉼을 할 만한 정거장도 역시 흘러갈 뿐이었다. 산, 들, 강, 작은 동리, 전선주, 꽤 길게 평행한 신작로의 행인과 소와 말. 그렇게 빨리 흘러가는 푼수로는, 우리가 지나친 공간과 시간 저편 뒤에 가로막힌 어떤 장벽이 있다면, 그것들은 칸바스 위의 한 텃취, 또한 텃취의 '오일'같이 거기에 부디쳐서 농후한 한 폭 그림이 될 것이나 아닐까?고 나는 그러한 망상의 그림을 눈앞에 그리며 흘러갔다. 간혹 맞은편 홈에, 부풀 듯이 사람을 가득 실은 열차가 서 있기도 하였다. 그러나, 무시하고 걸핏걸핏 지나치고 마는 이 창밖의 그것들은, 비질 자국 새로운 홈이나 정연히 빛나는 궤도나 다 흩으러진 폐허 같고, 방금 뿌레익 되고 남은 관성과 새 정력으

로 피스톤이 들먹거리는 차체도 폐물 같고, 그러한 차체에 빈틈 없이 나붙은 얼굴까지도 어중이떠중이 뭉친 조난자(遭難者)같이 보이는 것이고, 그 역시 내가 지나친 공간 시간 저편 뒤에 가로막힌 칸바스 위에 한 텃취로 붙어버릴 것같이 생각되었다.

"풍경이 풍경을 반성하지 않"고, "속도가 속도를 반성하지 않는"「절망」(1965)을 노래했던 김수영(金洙暎, 1921~68)은 최명익의 「심문」을 읽었던 것일까? 산과 강과 들이 '모두 회색빛 소용돌이 속으로 빨려 들어가는' 현란한 시각의 경험은 최명익의 소설에서 "칸바스 위에 부딪쳐 흩어지는 한 텃취의 오일과도 같은 것"으로 표현된다. 기차 여행을 통해서 가능해진 이 새로운 판타스마고리아(phantasmagoria, 幻影)의 경험은 그러나 단순히 시각적인 차원에 그치는 것이 아니다. 시속 50킬로미터로 질주하는 기차의 창으로 밀려드는 모든 자연의 물체들이 캔버스 위에 부딪쳐 흩어지는 한 점의 기름방울처럼 덧없고 정체 없는 것인 것과 마찬가지로, 새로움을 향해 끝없이 질주하는 현대라는 기차 안에서 모든 새로운 것은 순식간에 낡은 것이 된다. 이 안에서는 "비질 자국 새로운 홈이나 정연히 빛나는 궤도나 다 폐허"일 뿐이며, "새 정력으로 피스톤이 들먹거리는 차체도 폐물"에 지나지 않는다. 그러므로 이 기차 안의 인간들은 모두 갈 바를 잃은 '조난자'이다.

이 우울한 망상의 주인공 '명일'이 모든 것을 폐허로 만드는 기차에 올라타서 향하는 곳은 국경 너머의 국제 도시 하얼빈이다. 거기에서 그는 한때 "좌익 이론의 헤게모니를 잡았던" 혁명 투사 '현혁(玄赫)'과 옛 애인 '여옥(如玉)'을 만날 것이었는데, 과거의 좌익 투사는 이제는 "아편 연기 속에서 황홀하고 행복스런 지난 꿈"의 망상에 빠져 있으며, 총명하고 아름다웠던 옛 애인 역시 카페의 여급으로 전락하여 매음과 아편 중독의 암흑 속에서 헤매고 있다.

최명익의 소설 「심문」은 이 시대의 '조난자'들에 대한 우울한 보고서이다. 위에 인용한 이 소설에서의 첫 장면은, 모든 것을 순식간에 휘발시키는 모더니티의 속도와 그 속도에 올라탄 현대인의 끊임없는 망상, 그리고 그 안에서 폐허로 변한 과거의 꿈과 이상을 기차의 비유를 빌려 한눈에 집약시켜 보여주는 한국 소설의 명(名)장면이 아닐 수 없다.

그러나 열차의 등장이 암울하고 비관적인 전망만을 안겨주었던 것은 아니었다. 비록 객실의 등급에 따른 차별은 있었지만, 열차는 수많은 사람들을 동일한 공간 안에 밀어넣고 똑같은 속도로 똑같은 목적지로 이동시킨다는 점에서 생시몽주의자들 같은 초기 사회주의자들의 눈에는 '사회적 평등'을 실현하는 것으로 비쳤다. 예컨대, 콘스탄틴 페퀘르 Constantin Pecqueur에 따르면, 한 열차에 타고 있는 여행객은 모두 기술적으로 평등한 상황에 처해 있기 때문에 동일하다. "이는 동일한 열차, 동일한 힘으로 큰 사람이든, 작은 사람이든, 부자든, 가난하든 상관없이 모두를 날라준다. 그 때문에 철도 일반은 평등과 박애의 지칠 줄 모르는 선생으로 작용한다."[2]

기차를 '평등과 박애의 선생'으로 인식하는 1840년대 프랑스에서의 이 흥미로운 사고가, 무려 70여 년이 지난 1917년 일본의 식민지 조선에서 이광수의 소설 『무정』에 다시 등장하는 것은 더욱 흥미롭다. 물론 『무정』이 이러한 사고를 직접적으로 표현하는 것은 아니다. 그러나 『무정』의 진짜 주인공은 '기차'라고 할 만큼 이 소설에서 기차 공간이 차지하는 역할은 막대하다. 이형식과 김선형, 박영채 사이의 오랜 갈등이 해소되고 모든 인물이 하나의 뜻과 이념으로 굳게 결합하여 새로운 미래를 전망하는 『무정』의 대단원이 펼쳐지는 장소는 경성에서 부산으로 향하는 기차의 객실 안이다. 삼랑진 수해로 열차가 멈추자 이형식을 비롯한 청년들은 경찰서의 협조를 얻어 삼랑진 역사(驛舍)에서 자선 음악회를 개최하고 이것을 계기로 모든 갈등과 오해들을 해소하면서 새로운 교육 입국의 의지를 다진다. 실로 『무정』에서 기차는, 20세기 식민지 조선의 새로운 공공 영역public sphere으로, 그리고 모든 사회적 모순과 불합리가 해결되는 자유롭고 활기찬 희망과 개방의 공간으로 탄생하고 있는 것이다.[3]

---

2) 앞의 책, p. 95.

그러나 이광수가 깊이 심취했던 일본 작가 나쓰메 소세키(夏目漱石, 1867~1916)의 기차에 대한 생각은 그와 정반대였다. 평생을 국가주의에 반대하고 개인주의를 주창했던 소세키는 기차를 '사회적 평등'의 실현 수단으로 보았던 사회주의자들과는 달리, 그것을 개인에 대한 근대 국민 국가의 끔찍한 억압의 은유로 읽었다. 1906년에 씌어진 「풀베개(草枕)」라는 소설에서 그는 이렇게 말한다.

기차만큼 20세기 문명을 대표하는 것도 없다. 몇백 명의 인간을 같은 상자에 채우고 굉음을 내며 지나간다. 인정사정없다. 꽉 들어찬 인간은 모두 같은 속도로 같은 역에 멈추어 같은 모양의 증기의 은택을 입어야 한다. 사람들은 기차에 탄다고 말한다. 나는 짐짝처럼 실린다고 말한다. 사람들은 기차로 간다고 말한다. 나는 운반된다고 말한다. 기차만큼 개성을 경멸하는 것은 없다. 문명은 모든 수단을 다하여 개성을 발달시킨 후에 모든 방법을 다해 그 개성을 짓밟으려 한다. 한 사람당 몇 평 몇 홉의 땅을 주고 그 땅 안에서는 자든 일어나든 마음대로 하라는 것이 현금의 문명인 것이다. 동시에 이 몇 평 몇 홉의 주위에 철책을 치고 여기서부터는 한 발짝도 나가면 안 된다고 위협하는 것이

---

3) 김철, 「내가 누구인지 말할 수 있는 자는 누구인가」, 『무정』, 문학과지성사, 2005, p. 498.

현금의 문명인 것이다. 몇 평 몇 홉 가운데 자유를 마음껏 누리고자 하는 자가 그 철책 밖에서도 자유를 누리고 싶게 되는 것은 자연적인 추세이다. 불쌍한 문명 국민은 그 철책을 물어뜯으며 울부짖고 있다.[4]

소세키는 러일 전쟁의 싸움터로 보내지는 수많은 군인들이 기차에 실려 있는 모습을 이렇게 묘사하고 있는 것이다. 여기에서 기차는 죽음이라는 '동일한' 목적지로 사람들을 실어 보내는 장치이다. 광적인 애국주의가 판치던 당시의 시점에서, 기차를 매개로 국가 권력의 억압성을 이와 같이 폭로하는 소세키의 사유는 참으로 선구적인 것이다.

그러나 최명익의 대표작인 「장삼이사(張三李四)」(1941)만큼 기차와 현대 사회의 관계를 깊이 있게 드러낸 작품은 찾기 어려울 것이다. 소설은 3등 객차 안에서 벌어지는 사소한 소란을 무심한 관찰자의 눈으로 묘사한다. 만주 일대에서 "색시 장사"를 하는 "두꺼비" 같은 중년 신사와 그에게 잡혀가는 "색시"를 중심으로 3등 객실에 이런저런 "장삼이사"들이 마주 앉아 있다. 중년 신사의 거만스럽고 혐오스러운 행동에 그를 경원하던 승객들은 그가 건네는 술 한잔에 모두 그의 비위를 맞추기 시작

---

4) 고모리 요이치, 『나는 소세키로소이다』, 한일문학연구회 옮김, 이매진, 2006, pp. 203~204.

한다. 술잔이 오가고, 도망쳤다 잡혀오는 색시의 내력담이 밝혀지고, 그런 색시를 두고 승객들의 모욕스러운 농지거리가 오가고 하는 중에 한둘씩 자기 목적지에 이르러 기차를 내린다. 이제 화자만 빼고 처음부터 함께 있었던 승객들은 아무도 없게 되었다. 그 자리를 새로운 승객들이 채운다. 새 승객들과 함께 역에서 대기하고 있던, 중년 신사의 아들이 올라와 아버지와 교대한다. 아들은 기차에 올라오자마자 색시의 뺨을 서너 차례 후려갈긴다. 색시는 조용히 화장실로 들어간다. 기차는 여전히 달리고 있다. 처음부터 사태를 목격하고 있던 화자는 화장실로 들어간 색시가 모욕감에 혀를 깨물고 죽어 있는 듯한 망상에 사로잡힌다.

지나간 사정을 알 이 없는 새로 들어온 사람들은 물론이요, 그 젊은이까지도 이런 절박한 사정(?)을 모를 터인데 나까지 이렇게 궁싯거리기만 하는 동안에 사람 하나를 죽이고 마는 것이 아닐까—이렇게까지 초조해하면서도 그런 내 걱정이 어느 정도까지 망상이요 어느 정도까지가 이성적인지 갈피를 잡을 수 없어 더욱 초조할 수밖에 없었다.

이런 절박한 사태(?)를 짐작도 할 이 없는 사람들은, 단순히 때리고 맞는 그 이유만이 궁금한 모양이었다.

"그 왜들 그럽네까"

궁금한 축 중의 한 사람이 나 대신 말을 받아 묻는 것이었다.

"거어 머 우서운 일이디요" 하고 그 젊은이는 싱글싱글 웃으면서 "가따나 그 에미나이들 송화에 화가 나는데, 집의 아바지까지 그러니…… 아바지한테 얻어맞은 어굴한 화푸릴 그것들한테나 하디 어데다 하갔소. 그래서 거기……"

하고는 히들히들 웃는 것이었다. 듣던 사람도 따라 웃었다.

"지나간 사정을 알 리 없는 새로운 사람들"로 가득 찬 객차 안에서 '과거지사'는 달리는 열차의 속도에 묻혀 가뭇없이 사라진다. 목격자·증언자로서의 화자의 위치는 새로운 승객을 싣고 달리는 열차 안에서 아무 힘도 지니지 못하고 아무 할 일도 없다. 진실은 어디에 있는가? 가련하고 나약한 색시에게 쏟아지던 온갖 폭력과 모욕들. 그것을 이기지 못한 색시가 피를 토하고 죽어 있을지도 모른다는 화자의 생각은 과연 망상이었던가? 그럴지도 모른다. 색시가 아무 일 없다는 듯이 돌아와 자리에 앉았던 것이다. 그뿐 아니라 자기를 때린 젊은이와 태연하게 농담을 주고받기까지 하는 것이다.

……열차는 여전히 달리고 새로운 승객들은 또 새로운 장면을 만들어낼 것이다. 아무도 과거를 기억하지 않고 하지도 못할 것이다. 그것이 역사(歷史)일지도 모른다. 최명익의 이 소설은 다음과 같은 문장으로 끝난다. "나는 웬 까닭인지 껄껄 웃어보고 싶은 충동을 겨우 억제하였다."

3. "너, 어딯개 여기 완?"
— 한국 소설과 표준어

 "얘, 너와 나와 삼 년 동안 동기같이 지내었구나. 이것도 무슨 큰 연분이로다. 안주 땅에 난 너와 평양 땅에 난 나와 이렇게 만내어 이렇게 정답게 지낼 줄을 사람이야 누가 뜻하였겠느냐. 이후도 나를 잊지 말고 '형님'이라고 불러다고" 하면서 그만 울며 쓰러진다. 영채는 월화의 말이 이상하게 들려 몸에 와싹 소름이 끼치면서
 "형님! 왜 오늘 저녁에는 그런 말씀을 하셔요?" 하였다. 월화는 일어나 눈물을 뿌리고 망연히 앉았다가
 "너는 부디 세상 사람에게 속지 말고 일생을 너 혼자 살아라. 옛날 사람으로 벗을 삼아라—만일 네 마음에 드는 사람을 만나지 못하거든" 한다. 이런 말을 하고 그날 밤도 둘이서 한자리에 잤다.

위의 인용문은 춘원 이광수의 『무정』에서 평양 기생 월화와

영채가 나누는 대화의 일부분이다. 이로부터 4년 후인 1921년에 발표된 김동인의 대표작 중 하나인 「배따라기」의 다음 장면을 보자.

"너, 어덯개(어떻게) 여기 완?"
아우는 잠자코 한참 있다가 겨우 대답하였다.
"형님, 거저 다 운명이웨다."
따뜻한 불기운에 깜빡 잠이 들려다가 그는 화닥닥 깨면서 또 말했다.
"십 년 동안에 되게 파랬구나."
"형님, 나두 변했거니와 형님두 몹시 늙으셨쉐다."

두 인용문의 차이는 첫눈에도 두드러져 보인다. 『무정』에서 월화와 영채가 주고받는 대화는 깍듯한 '표준어'임에 반해, 「배따라기」에서의 형과 아우의 대화는 생생한 평안도 '방언'으로 이루어져 있다. 이 대화를 나누는 사람들은 모두 평양 지방 사람들이며 이 대화가 이루어지는 장소 또한 평양 근방이다. 소설의 실감이나 리얼리티의 구현 문제로 보자면 김동인의 소설이 한 수 위임을 인정하지 않을 수 없다.

그러나 이렇게 김동인의 손을 들어주는 것만으로 이 문제가 간단히 끝나는 것은 아니다. 여기에는 한국어의 근대화 혹은 한국 소설의 문체 형성을 둘러싼 더욱 복잡한 문제들이 개재되어 있다(그런데 한국 소설의 문체를 '표준어/방언'의 문제와 연관 지어 고찰한 연구는, 필자가 과문한 탓인지는 모르나, 아직 없는 듯하다. 지면의 제약도 제약이려니와 필자 자신의 능력의 한계 때문에라도 여기서 그 문제를 본격적으로 다룰 수는 없을 것 같다. 그래서 이 문제에 관한 필자의 평소의 단상 몇 가지를 간단히 언급하면서 언어학 및 국어학사 연구자들의 관심을 촉구하고자 한다).

널리 알려져 있다시피, 표준어/방언의 구별은 근대 국가의 '국어'가 형성되는 과정에서 필연적으로 생겨난 구별이다. 이 구별이 '차별'로 전화하는 것 또한 일반적인 현상이었다. 다시 말해, '국가의 수도에서 중류 계층의 사람들이 현재 쓰는 말' 정도로 규정되는 표준어가 교양, 문화, 지식, 과학, 공공성 등 요컨대 근대적인 가치를 표상하는 한편, 방언의 사용은 그와 대칭되는 가치, 즉 야만, 무지, 비과학, 사적 영역 등의 전근대적인 가치를 상징하는 영역으로 자리 잡는 현상은 모든 근대 국가의 '국어' 형성에서 나타나는 것이었다.

표준어의 우월성과 지배를 강조하는 이와 같은 논리가 언어 자체의 내적인 원리에 근거한 것이 아니라 전적으로 언어 외적인 정치성과 권력의 개입 결과라는 사실은 오늘날 많은 언어사회학의 이론들이 동의하는 바이기도 하다. 그러나 이러한 동의와 상관없이, 표준어와 방언의 위계적 인식 속에 아로새겨진 근대주의 혹은 식민주의의 뿌리는 의외로 깊고도 넓다. 사회 다위니즘Darwinism적 근대주의가 인류의 역사를 전근대로부터 근대로의 직선적 발전 방향으로 단선화하고, 다시 그 시간관에 의거하여 세계의 각 지역을 근대 지역과 전근대 지역으로 분할함으로써 발전 사관의 시간관을 공간화하는 것은 근대주의의 기본 원리이다. 간단히 말하면, 선진국의 '어제'가 후진국이며, 후진국의 '내일'이 선진국인 것이다.

이러한 시간과 공간의 결합 원리는 다시 한 국가 내에서도 똑같이 되풀이된다. '도시'는 근대를 표상하며 '농촌'은 전근대를 표상한다. 농촌은 도시의 '과거'를 보존하고 있는 장소이며, 도시는 농촌이 지향해나갈 '미래'의 모습이 된다. 선진국의 후진국에 대한 식민화와 더불어 이른바 내부 식민화, 즉 도시 지역에 의한 농촌 지역의 식민화가 동시에 수행되는 것이다. 표준어/방언의 구별이 이러한 근대화의 전체적인 과정 속에 놓인 것임은 말할 것도 없다.

그런데 '한국어'의 경우, 이러한 표준어/방언의 명백한 위계화와 그 위계화에 근거한 근대적 언어 의식이 보편화한 것은 언제이며 어떤 계기를 통해서였는가? 이것은 매우 대답하기 어려운 질문이다. '중류 계층 사람들이 사용하는 현재의 서울말'을 표준어로 규정하고 그것에 공적 언어로서의 지배적 우월성을 부여하기에는 '조선어'가 아직 '국어'가 아니었다는 사정을 감안하면, 식민지에서의 조선어 사용자들이 오늘날 한국어 사용자들과 동등한 정도의 표준어/방언의 구별 의식을 가지고 있었을까 하는 것은 의문이 아닐 수 없다.

그렇다 하더라도, '경성어(京城語)'를 표준어로 삼고 기타 지방의 언어를 '방언'으로 인식하면서, 그 방언들을 자기 문화 보존의 소중한 창고로 활용하고자 하는 문화적 활동이 1930년대, 특히 조선어학회를 중심으로 활발하게 벌어졌던 것도 널리 알려진 사실이다. 1931년의 조선어 철자법 공표와 1936년의 표준어 사정이 조선어에서의 표준어에 대한 인식을 확산시켰을 것임도 짐작하기 어렵지 않다. 동시에 이러한 조선어의 근대화가 조선총독부 학무국 편집과(후일의 편수과)의 관리이며 경성제국대학 조선어과의 주임 교수인 오쿠라 신페이(小倉進平, 1882~1944)의 조선어 방언 연구(『濟州道方言』(1913), 『南部朝鮮の方言』(1924))에서 그 중요한 기초가 닦였다는 사실은, 비록 오쿠라의 조선어 연구가 '국어'로서의 일본어의 기원을 밝히기 위한 '주변 언어'의 탐구에 그 목적이 있었던 것이라 하더라도, 결코 무시해서는 안 될 사실이다.

그러나 '경성어=표준어/경성 외의 다른 지방어=방언'이라는 편제는 그보다 더 큰 틀, 즉 일본 제국의 언어 편제 속에서 어떤 위상을 지니는가? 표준어/방언의 구분이나 방언의 보존 필요성 같은 언어의 근대화와 관련된 방법 일체는 어디서부터 온 것이었는가? 두말할 것 없이 그것은 조선어를 제국의 '국어' 편제 안에서 하나의 '방언'으로 규정 지은 제국주의 지배자들로부터 온 것이었다. 그렇다면 자신의 모어(母語)가 '국어'가 될 수 없는 상황에서 '경성 지방의 교육받은 중류 계층 사람들이 현재 사용하는 언어'를 '표준어'로 규정하고 그 이외의 언어를 '방언'으로 설정하면서, '방언'을 '향토 문화의 중요한 유산'으로 보존하고 수집할 것을 주장하는 '한글 학자'의 위치는 매우 기묘한 것이 아닐 수 없다. 이 사태의 복잡 미묘함은 이 짧은 글에서 간단히 논할 수 없다.

다시 이광수와 김동인의 소설로 돌아가자. 이광수에게서 흥미로운 것은 그가 남긴 수많은 작품에서 '방언'을 사용하는 인물이 전혀 등장하지 않는다는 점이다. 이광수에게는 표준어와 방언의 차이에 대한 인식, 혹은 그것을 소설에서 어떻게 구현할 것인가에 대한 의식이 없었던 것일까? 근대 학교 교육을 받지 않았을 평양 기생이나 시골의 농부들이 쓰는 언어가 천편일률적인 표준어(이광수가 『무정』을 쓸 당시에는 조선어의 표준어 사정은 되어 있지 않았지만) 일색인 것은 어떻게 설명될 수 있을까?

짐작건대 이것은 이광수가 지닌 계몽주의로부터 온 것이 아닐까 한다. 이광수가 소설을 계몽의 목적으로 썼다는 것은 널리 알려진 사실이다. 계몽주의자가 '사투리'를 쓴다는 것은 소설 속에서도 상상하기 어려운 일이었을 것이다. 그런가 하면, 이광수의 소설에서 (다른 작가들도 마찬가지이지만) 일본어나 영어는 대화나 지문에서 거침없이 쓰인다. 실감을 무시하면서까지 방언을 배제하고 깍듯한 표준어에다 가끔 '고급 언어'인 일본어나 영어를 섞어서 대화체를 구성한 데에서 보듯, 한국어의 근대 문어체는 표준어가 공식적으로 공표되기 이전에도 이미 언어의 위계질서를 내면화하는 방향으로 나아가고 있었던 것이다.

김동인의 경우는 더욱 흥미롭다. 처녀작인 「약한 자의 슬픔」(1919)을 쓸 때만 해도 김동인에게는 소설 속의 인물들로 하여금 사투리를 구사하게 하려는 의식은 없었던 듯하다. '구상은 일본어로 하고 쓸 때에는 조선어로 썼다'는 김동인의 회고에 비추어보아도 그의 최대의 관심사는 일본어 어휘나 표현들을 어떻게 적절한 조선어로 바꾸는가에 있었다. 두번째 작품인 「마음이 여튼 자여」(1920)에서도 사정은 마찬가지이다. 이 작품의 무대는 평양이며 등장인물들 모두 평양 사람들임에도 불구하고 그들의 대화에서 평양 지방말은 나타나지 않는다. 김동인의 창작열은 이 시기에 매우 활발해서 많은 작품들을 발표하지만 방언에 관한 한 변화는 없다.

「배따라기」(1921)는 그 점에서 획기적인 작품이다. 김동인이 소설을 쓰면서 크게 의식했던 상대는 널리 알려져 있다시피, 이광수와 염상섭(廉想涉, 1897~1963)이었다. 이광수의 계몽주의를 김동인은 넘어서야 할 벽으로 생각했고 문학을 계몽의 수단으로서가 아니라 예술로 인식함으로써 이광수와 맞서고자 했다. 살아 있는 사실, '활사실(活事實)'의 재현이야말로 그가 꿈꾸는 소설의 목표였고 이른바 자연주의의 핵심이었다. 동시에 염상섭의 등장은 김동인에게 커다란 자극을 주었는데 무엇보다도 염상섭이 소설 속에서 구사하는 서울 사투리에 김동인은 크게 놀랐다. 「배따라기」는 김동인의 소설에서 최초로 평양 지방의 사투리가 인물의 행동 속에 재현되는 작품이다. 김동인은 평양 사람들과 평양 일대를 배경으로 하는 작품을 많이 썼는데 「배따라기」 이후로는 의식적으로 평양 사투리를 재현한 흔적이 역력하다.

김동인이 소설에서 등장인물의 사투리 사용에 매우 예민한 의식을 가지고 있었다는 사실은 다음의 예에 잘 드러난다.

「거칠은 터」(1925)의 주인공 '영애'는 서울 출신으로서 경상도 경주 출신의 과학자 S와 결혼한다. 화자인 '영애'의 입을 빌려 서술되는 이 작품 가운데 다음과 같은 구절을 유의해 보자.

경주(慶州) 태생인 그는 열두 살부터 서울 살림을 하였다 하지만, 아직 남아 있는 강렬한 경상도 사투리가 있었다. 없는 그를 생각하고 그리는 내게는, 그전에는 천스럽게 보이던 사투리까지도 아름답고 정겹게 머리 속에 부활하여, 간혹 거리에서 강렬한 그 사투리의 말소리가 들릴 때에는 뜻하지 않고 돌아보고 하였다. 〔……〕 나는 마침내 그의 고향이고 아직 그의 낡은 집이 남아 있다는 경주를 가보기로 하였다. 그때는 여름과 가을도 다 가고 겨울이 가까운 때였다. 그 강렬한 경상도 사투리 — 대구서 기차를 내릴 때부터 여관 사환애에게서 또는 인력거꾼에게서 나는 그것을 들었다.

그러나 영애가 들었다는 그 사투리, "아름답고 정겹고 강렬한 그 경상도 사투리"는 작품 속에 한 번도 재현되지 않는다. 이것은 매우 흥미로운 장면이다. 첫째, 이 진술은 작가 김동인이 소설을 쓰면서 사투리에 매우 예민하게 반응하고 있었다는 점을 보여준다. 근대 초기 한국 작가들이 한국어 소설 문체를 확립하기 위하여 벌인 고난에 찬 사투(死鬪)는 잊혀서는 안 된다. 사투리 문제도 그중의 하나이고 김동인은 이 점에 매우 예민했다는 점을 이 장면은 보여준다. 한편, 서울말을 표준어로 공식화하기 이전에 이미 서울말을 쓰는 '영애'라는 등장인물에게 경상도 사투리가 '천스럽게' 보이고 있었다는 사실도 특별히 기억해둘 만한 장면이다.

둘째, 그럼에도 불구하고 이 작품에서 경상도 사투리는 한 번도 재현되지 않는다는 사실에 또 주목할 필요가 있다. '영애'의 남편인 과학자 S는 경주 출신으로서 열두 살부터 서울에 올라와 살았지만 강한 사투리가 남아 있었다고 한다. 그러나 작품 속 S의 대화에서 경상도 사투리는 전혀 나타나지 않는다. 작품의 후반부, 영애가 S의 고향인 경주를 찾아가는 부분에서는 아예 인물들 사이의 대화가 등장하지 않는다. 그녀가 만났다는 인력거꾼, 옛집의 늙은 부부, 거리의 사람들과 그녀가 어떤 대화를 나누었는지 작가는 보여주지 않는다.

짐작건대, 이것은 자연주의자로서의 김동인의 자세로부터 나온 것이 아닐까 한다. 평양 사투리라면 김동인으로서는 얼마든지 재현할 수 있다. 그러나 경상도 사투리는 그로서는 재현하기 어려운 언어였음에 틀림없다. 있는 그대로 그리는 것을 소설가로서의 지고의 목표로 삼고 있는 작가로서 어설프게 경상도 사투리를 재현한다는 것은 차마 못할 일이었을 것이다. 계몽주의자인 이광수가 모든 등장인물의 언어를 표준어로 통일한 것과 같이, 자연주의자인 김동인은 자신이 그려낼 수 없는 사투리가 등장하는 순간에는 표준어로 통일하거나 아예 그려내지 않았던 것이 아닐까. 그렇다면 이것은 참으로 기묘한 일치가 아닐 수 없다.

놀랍게도 당대의 비평가들이나 독자들은 김동인의 소설 속에서 보이는 이러한 사투리 구사가 지니는 의미에 대해서 그다지 주목하지 않았다. 그러나 조선어의 철자법과 표준어가 문제되는 1930년대에 오면 표준어/방언의 위계질서는 상당한 정도로 진전되어 있었다. 가령, 관북 방언으로 가득 찬 백석(白石, 1912~?)의 시편들은 오늘날에는 '민족시'의 대표적인 작품으로 추앙받고 있지만 당대에는 '복고적' '퇴영적' '향토주의' 등으로 가혹한 비판의 대상이 되고 있었다. 이런 사실에 비추어보면, 조선어학회를 중심으로 한 '한글 운동'의 결과 표준어/방언의 확고한 위계화가 사회적으로 폭넓게 자리 잡았음을 알 수 있다.

표준어와 방언을 구분하고 그것을 위계화하는 작업과 '국어'의 풍부함 및 그 역사성을 보증하기 위해 방언을 채집하고 보존하는 작업은 상반된 듯하지만 실은 동전의 양면과 같은 것이다. 동시에 그것은 근대 국민 국가를 건설하는 과정에서 모든 민족어가 겪은 필수적인 코스였다. 그리고 소설은 이 코스에서 가장 요긴하고도 핵심적인 기능을 하는 장르였다.

오늘날 소설 작품에서 방언의 구사 여부는 작품의 성패를 결정짓는 중요한 요소가 되었다. 박경리의 『토지』에서 경상도 방언과 함경도 방언, 조정래의 『태백산맥』에서 전라도 방언, 이문구의 『우리 동네』 연작에서 충청도 방언 등이 모두 밋밋한 표준어로 씌어졌다고 상상해보라. 이 작품들이 오늘날 누리고 있는 성가를 그대로 유지할 수 있으리라고는 상상하기 어렵다. 과연 방언은 '민족어'의 풍부함을 보증하는 필수 불가결의 요소임이 이로써 분명하고 소설은 그것을 구현하는 최적의 근대적 장르임이 분명하다.

동시에 이 작품들에서 방언이 한편으로 어떻게 기능을 하고 있는지 살펴보라. 『토지』의 주인공 '서희'는 어째서 단 한 번도 경상도 사투리를 구사하지 않는가? 작가가 이미 밝혔듯이, 서희에게 부여된 고귀한 인물의 성격을 구현하기에 경상도 사투리는 적절하지 않았던 것이다. 주위의 모든 인물들이 '강렬한' 경상도 사투리를 구사하는 가운데 서희의 '단아한' 표준어는 그

인물의 고고함과 차가움을 드러내는 데에 더할 수 없이 적절한 기능을 한다. 마찬가지로, 『태백산맥』에서의 주 인물인 지식인 김범우는 『태백산맥』의 인물들을 살아 뛰게 하는 그 걸쭉한 전라도 방언들의 세계에서 멀리 떨어져 있다. 급박한 시국에 대한 김범우의 깊은 사색을 전라도 방언의 세계로 표기하기보다는 표준어의 '중성적neutral' 발화로 표현하는 것이 훨씬 효과적이었을 것임은 짐작하기 어렵지 않다.

표준어가 지니는 이 의심할 수 없는 우월적 지위, 작품의 리얼리티와는 어긋나는 것임에도 분명히 효과를 지니는 표준어의 이 지배적 위치는 물론 교육의 결과이며 국민 국가 건설의 산물이다. 바로 그 점에서 소설은 국민 국가의 충실한 에이전트 agent로서의 길을 걸어왔던 것이다.

4. "재판에두 양반 상놈이 있나요?"
——한국 소설과 근대 사법(司法)

그는 한참이나 남작을 두고 이리저리 생각하다가 탁 눈을 치
뜨면서 주먹을 꼭 쥐었다—이제야 겨우 그 원몸이 잡혔다.
"재판!"
그는 중얼거렸다.

김동인(金東仁)의 처녀작 「약한 자의 슬픔」을 한국 근대 소
설사의 범상치 않은 작품으로 기억하게 하는 것은 아마도 이 장
면으로부터 비롯될 터이다. 어려서 부모를 잃은 불우한 처지의
'강 엘리자벳'는 귀족인 'K남작'의 집에 가정교사로 있으면서
'R학당'에서 신학문을 배우고 있는 열아홉 살의 처녀. 등하
굣길에 마주치는 남학생 '이환'에 대해 남모르는 연정을 품고
있기도 한 이 순진한 처녀는 집주인이자 고용주인 K남작에게

정조를 유린당하고 원치 않는 임신에까지 이른다. 절망과 공포에 빠진 엘리자벳트는 식음을 전폐하고 앓아눕는데, 남작은 사정을 모르는 부인을 시켜 엘리자벳트를 해고하고 집에서 내쫓는다. 약간의 위로금을 손에 쥔 엘리자벳트는 남작의 집을 나와 서울 근교의 친척 집으로 거처를 옮긴다.

이런 이야기쯤이야 현대의 독자에게는 낡디낡은 멜로드라마의 한 장면에 지나지 않을 터이다. 그러나 1919년의 조선 사회에서 '여학생'과 '신흥 귀족' 사이의 치정 사건을 다루는 소설이 마냥 진부한 것이었을 리는 물론 없다. 주목할 것은 그러나 이 소재의 진기함이 아니다. K남작의 집을 나와 입술을 악물고 낙향하는 "엘리자벳트의 머리에는 갑자기 '생각날 듯 생각날 듯 하면서 채 생각나지 않는 어떤 물건'이 떠올랐다" "생각날 듯 생각날 듯하면서 생각나지 않는" 이 '물건'은 과연 무엇인가?

위의 인용문은 K남작의 집을 쫓겨나 인력거를 타고 서울을 떠나는 엘리자벳트가 자신의 우유부단함과 남작에 대한 배신감으로 괴로워하다가 마침내 어떤 '깨달음'에 도달하는 순간을 그리고 있다. "말은 하고 싶었지만 그것을 가로막는 마음속의 어떤 물건." 엘리자벳트는 마침내 그 '물건'의 정체를 입 밖에 내는 것이다. "재판!"

엘리자벳트는 남작을 상대로 '재판'을 하려고 결심하는 것이다. 그것은 물론 쉬운 결심은 아니다. 그녀는 번민에 빠진다. "만약 재판을 하면 신문에 나겠고, 신문에 나면 이환이가 볼 것이다. 이환이가 이 일을 알면 자기를 어떻게 생각할까?" "재판은 못하겠다." 그러나, 남작에 대한 분노는 "아무래도 재판은 하여야겠다"는 결심으로 이어진다. 갈팡질팡하던 그녀는 낙향한 시골집에서 자기를 돌보아주는 '오촌 아주머니'와 이 일을 상의한다. 다음 장면을 주목하자.

"그래도 재판은 못한다. 우리는 상것이고 저편은 양반이 아니냐?"
아직 채 작정치 못하고 있던 엘리자벳트의 마음이 이 말 한마디로 온전히 작정하였다—그는 아주머니의 말을 우쩍 반대하고 싶었다.
"재판에두 양반 상놈이 있나요?"
"그래두 지금은 주먹 천지란다."
엘리자벳트는 눈살을 찌푸렸다. 양반 상놈 문제에 얼토당토않은 주먹을 내어놓는 아주머니의 무식이 그에게는 경멸스럽기도 하고 성도 났다. 그렇지만 그 말의 진리는 자기의 지낸 일로 미루어보아도 그르달 수가 없었다. 그래도 재판은 꼭 하고 싶었다.

그녀로 하여금 재판을 결심하게 하는 것은 양반의 위세를 두려워하는 아주머니의 말이다. 요컨대, 그녀는 양반과 상놈의 기존 질서를 간단하게 무효화할 수 있는("재판에두 양반 상놈이 있나요?") 새로운 근대의 사법 제도, 즉 '재판'의 위력을 알고

4. "재판에두 양반 상놈이 있나요?" 51

있는, 혹은 굳게 믿고 있는 '신여성'인 것이다. 이런 그녀에게 '주먹이 법'임을 믿는 아주머니의 무식이 경멸스러운 것은 당연한 일이다. 마침내 엘리자벳트는 동리 '면 서기'의 도움을 받아 다음과 같은 행동을 벌인다.

　　이튿날 엘리자벳트는 남작을 걸어서 정조 유린에 대한 배상 및 위자료로서 五천 원, 서생아(庶生兒) 승인, 신문상 사죄 광고 게재 청구 소송을 경성지방법원에 일으켰다.

그렇다면 강 엘리자벳트는 근대 사법의 효력을 깨닫고 그것을 실천에 옮긴 한국 소설사 최초의 인물이 아닐 수 없다. 그녀는 개인의 생활과 감정, 요컨대 사생활이 명문화된 법조문에 근거하여 보호되고 동시에 공권력에 의해 규제될 수 있다는 근대적 법체계를 이해하고 활용하는 인물인 것이다. 동시에 그녀는 범죄에 대한 응징이 태형(笞刑), 곤장(棍杖), 낙형(烙刑), 참수(斬首), 육시(戮屍) 같은 중세적 육체형(肉體刑)으로부터 금고(禁錮), 징역(懲役), 벌금(罰金) 같은 위신형(威信刑)으로 대체된 사정을 누구보다 잘 이해하고 있는 인물이기도 하다. K남작에게 '신문에 사죄 광고를 낼 것'을 청구하는 그녀의 행동은 이러한 위신형으로서의 근대법적 징벌의 효과를 최대한 이용하는 행동인 것이다.

　그런데 이 재판의 결과는 어찌 되었는가? 이 재판의 과정과 결과 역시 매우 의미심장한 장면들을 보여준다. 오촌 아주머니와 함께 법원에 도착한 강 엘리자벳트는 흥분과 긴장으로 온몸이 땀에 젖은 채 원고석에 앉아 있다. 피고석에 앉아 있는 남작을 보면서 그녀는 후회한다. "오죽 민망할까? 이런 데 오는 것이 남작에겐 오죽 민망할까? 내가 잘못했지, 재판은 왜 일으켜?" 그녀는 남작의 위신이 '망가졌다'고 생각한다. 그녀가 원하던 복수는 이로써 달성된 듯이 보인다. 그러나 남작이 변호사를 대동하고 온 것을 보는 순간 그녀는 사태가 자신의 뜻대로 되어가지 않을 것임을 직감한다.

변호사를 볼 때에 엘리자벳트는 남모르게 "아!" 하는 절망의 소리를 내었다. 자기의 변론이 어찌 이 변호사에게 미칠까? 그의 머리에는 똑똑히 이 생각이 떠올랐다. 남작에 대한 미움이 마음속에 솟아 나왔다. 자기를 끝까지 지우려고 변호사까지 세운 남작이 어찌 아니꼽지 않았을까? 그는 외면한 남작을 흘겨보았다.

이렇듯, 복수의 수단으로 근대 사법 제도에의 호소를 선택한 그녀의 근대성은 '양반'으로부터 '남작'으로 변신한 남자의 근대성에는 처음부터 적수가 되지 못한다. 소송을 결심한 것은 그녀 자신이었지만 소송의 실제적인 사무를 도와주었던 것이 시골 동리의 '면 서기'였음을 상기하면, 근대 사법의 실제에 대한 그녀의 이해가 양반의 위세를 두려워하던 오촌 아주머니의 '원님 재판'적 인식으로부터 크게 벗어나지 못할 것임은 충분히 짐작할 수 있는 일이다. 다음의 장면은 그 점을 선명히 보여준다.

> 그는 끊었다 끊었다 하면서 자기의 청구를 질서 없이 설명하였다.
> "더 할 말은 없나?"
> 엘리자벳트의 말이 끝난 뒤에 주석 판사가 물었다.
> "없어요."
> 엘리자벳트는 말이 하기 싫은 고로 겨우 중얼거리고 앉았다.
> "겨우 넘겼다."
> 엘리자벳트는 앉으면서 괴로운 숨을 내어쉬면서 생각하였다.

이에 비해 변호사를 고용한 남작의 태도는 어떤가? 그는 '양반'이면서 '남작'이다. '양반'이라는 기호가 상징하는 봉건성은 그로 하여금 낙태 처방을 위해 병원에 가는 일, 법원에 피고로 나가 앉아 있는 일 등을 창피스러운 것으로 여기게 한다. 다시 말해서, '양반'으로서의 그는 이 공간에서 심각한 위신의 손상을 입는다. 그러나 동시에 '남작'이라는 기호가 상징하는 근대성의 관점에서 보았을 때, 병원이나 법원은 그에게 결코 적대적인 공간이 아니다. 그 공간은 오히려 그가 활개 치는 공간이다. 자기는 말 한마디 변변히 못하고 주저앉은 이 공간이 실은 전적으로 남작 같은 사람들이 큰소리치는 공간임을 엘리자벳트는 상상조차 하지 못했던 것이다. 다음 장면을 보자.

피고의 변론할 차례가 되었다. 변호사는 일어서서 웅장한 큰 소리로 만장을 누르는 소리로 장내가 웅웅 울리는 소리로 말하기 시작하였다.
원고의 말은 모두 허황하다. 그 증거가 어디 있는가? 있으면 보고 싶다. 잉태하였다 하니—거짓말인지도 모르거니와—설혹 잉태하였다 하여도 그것이 남작의 자식인 증거가 어디 있는가? 자기 자식이니까 떨어뜨리려고 병원에 데리고 갔다 원고는 말하지만, 주인이 자기 집 가정교사가 병원에 좀 데려다 달랄 때 데려다줄 수가 없을까? 피고가 자기 일이 나타날까 저퍼서 원고를 내쫓았다 원고는 말하지만, 다른 일로 내어보냈는지 어찌 아는가? 원고는 당시에는 학교에도 안 가고 가정교사의 의무도 다하지 않고, 게다가 탈까지 났으니 누구가 이런 식객을 가만두기를 좋아할까?

"원고의 주장은 하나도 증거가 없다. 그런고로 원고의 청구는 기각한다." 이렇듯 엘리자벳트는 처절하게 패배한다. 이 패배는 물론 '원님 재판'식 하소연에 대한 근대의 사법, 요컨대 죄형법정주의와 증거주의로 요약되는 근대 사법적 합리주의의 승리이다. 강 엘리자벳트는 근대 사법의 힘을 빌려 '양반'을 징치하려 했지만, 냉혹한 합리성으로 무장한 '남작'의 힘 앞에 굴복하고 만 것이다. 다시 말해, 엘리자벳트의 패배는 상대방이 '양반'이어서가 아니라 '남작'이었기 때문이며, 그 '남작'이란 결국 근대성의 다른 이름이었던 것이다. 그러므로, "나의 설움은 내가 약한 자인고로 생긴 것"이라는 엘리자벳트의 깨달음은 이제 바야흐로 근대를 추진하고 이끌어나갈 원동력이 될 것이었다.

위에서 보았듯, 엘리자벳트는 근대 사법의 효력을 깨닫고 그것을 실천에 옮긴 한국 소설사 최초의 인물이면서 동시에 그 위력 앞에 여지없이 무너진 최초의 인물이기도 하다. 그러면 엘리자벳트를 절망시킨 이 근대 사법의 체계, 혹은 더 나아가 경찰, 감옥 등과 연관된 근대 공권력의 체계는 당대 한국인들에게 어떤 것이었을까? 그리고 한국 근대 소설은 그것들을 어떻게 보여주고 있을까? 아주 간단한 스케치를 여기서 시도해보자.[1]

근대 한국의 사법 제도는 한일 합방 이전 통감 정치와 함께 이미 일본 제국주의의 수중에 장악되어 있었다. 최초의 근대적 감옥, 이른바 팬옵티콘(panopticon, 일망 감시) 시스템에 의한 근대 감옥은 1907년에 일본인 시텐노가즈마(四天王數馬)가 설계한 서대문 감옥이다. 한편 1909년에는 한국의 사법 및 감옥 사무 위탁에 관한 한일 협약 5개조가 조인됨으로써, 대한제국의 모든 사법과 감옥에 관한 사무가 일본국 정부에 위탁되었다.

---

1) 이하 경찰 및 『무정』에 관한 서술은 김철, 「내가 누구인지 말할 수 있는 자는 누구인가」, 『무정』, 2005, pp. 501~504.

동시에 일본인 관리로 구성된 재한국일본재판소(在韓國日本裁判所)에 한국인의 재판을 담당하고 한국 관리를 지휘 감독하는 권한이 부여되었다. 한편 1910년 합방 직전에는 경찰권이 이양되었다.

잘 알려진 바와 같이, 메이지 일본의 근대화는 서구 유럽 제국의 제도와 문물을 혼성(混成) 모방한 것이다. 예컨대 법률이나 대학 제도는 프러시아, 경찰 제도는 프랑스의 그것을 모델로 하는 것이었다. 한 연구자의 표현에 따르면, 프랑스의 경찰 제도는 '인민의 생활에 대한 모세혈관적 침투'라고 할 만한 것이었다. 경찰은 시민들의 일거수일투족을 보호하고, 감시하고, 지도했다 일본의 경찰은 시민들의 위생, 청결, 복장까지를 '취체'했고 그 항목은 수백 가지가 넘었다. 그들이 들어갈 수 없는 영역은 없었다. 예컨대, 1932년에 수립된 만주국에서 경찰은 가정집 부엌에 들어가서 부엌의 청소 상태나 솥의 세척 상태까지를 검사하고 지도했다. 심지어 경찰관은 한 손으로 핸들을 잡고 자전거를 타는 시민을 단속할 임무까지 지니고 있었다. 이것이 의미하는 것은 무엇인가?

중세의 전제 권력은 그 신민(臣民)으로부터 최대한 거리를 유지한다. 실제적으로나 물리적으로도 권력이 모든 신민 개개인에게 직접 침투할 수 있는 방법은 없다. 권력이 개인으로부터 멀리 떨어져 있으면 있을수록 그것은 권력에게 유리하다. 권력자나 권력 기구의 가까이에 조직화된 집단이 있다는 것은 위험한 일이다. 그러므로 자연환경과 물적 조건의 미비에 따른 사람들의 분산은 중세의 전제 권력을 유지시키는 최선의 조건이다. 전체 권력은 신민 개개인의 안위에는 아무 관심이 없다. 그 권력은 거기까지 침투하지 못한다. 중세 권력은 다만 공포 그 자체로 존재한다.

이에 반해 근대 국민 국가의 권력은 사람들을 통합하고 조직한다. 동시에 새로운 '주체=신민subject'과 권력의 거리는 최대한 가까워진다. 이제 권력은 개인을 통제하고, 보호하고, 규율한다. 권력은 개개인의 신체에, 내면에, 생활에 속속들이 스며든다. 아무도 권력의 시야로부터 벗어날 수 없다. 또한 권력은 그 자신을 신민의 시야에 즐겨 노출시킨다. 거대한 퍼레이드, 열병식, 장엄한 의식들이 수시로 군중의 눈앞에 펼쳐지고, 권력과 신민의 거리는 최대한으로 좁혀지고 일상화된다. 신민은 보호되고, 관리되고, 지도되며, 훈육된다. 그것을 수행하는 권력의 직접적 얼굴이 바로 경찰인 것이다.

한반도의 신민들이 이러한 근대 권력을 경험하게 되는 것은 물론 20세기 들어서이다. 그것이 대한 제국의 것이든, 일본 제국의 것이든 그것은 중요하지 않다. 실제로 대한 제국의 경찰력이 그러한 위력을 행사할 시간은 거의 없었다고 보아야 한다. 대체로 유럽 제국(諸國) 특히 프랑스의 경찰 제도를 모방한 '일상 생활에의 모세혈관적 침투'와도 같은 일제 경찰력의 위력을 한국인들은 20세기 초에 처음으로 경험하고 있었다. 그것은 혹독하고 쓰라린 것이기도 했지만, 근대 국가 권력의 속성답게 자비로운 보호자의 얼굴을 한 것이기도 했다. 이와 관련한 흥미로운 사례가 「약한 자의 슬픔」보다 2년 전에 발표된 이광수의 『무정』에 나온다.

『무정』은 식민지 조선에 시행되는 제국 일본의 경찰력에 관한 흥미로운 장면들을 보여준다. 자살을 암시하는 편지를 남기고 떠난 영채를 찾으러 평양으로 떠나는 이형식은 평양 경찰서에 '부인 하나를 보호하여달라'는 전보를 보낸 뒤 기차를 탄다. 평양에 도착한 형식은 우선 경찰서에 들러 영채의 소식을 묻는다. '순사'는 "역에 나가보았으나 그런 부인은 보지 못하였다"고 답한다. 이형식은 특별한 권력이나 힘을 지닌 인물이기는커녕 고아 출신의 가난한 학교 교사이다. 영채의 행방을 찾고 그를 보호하기 위해 그가 우선적으로 취하는 조치는 경찰에 의뢰하는 것이고, 이 의뢰에 대해 경찰은 당연한 의무처럼 그 일을 수행하는 것이다.

또 다른 장면은 『무정』의 저 유명한 마지막 장면, 즉 삼랑진 수해 현장에서의 음악회 장면이다. 여기서 경찰은 매우 중요한 기능을 한다. 형식 일행은 자선 음악회의 '허가'와 '원조'를 얻기 위해 경찰서에 들른다. 경찰서장은 전적인 원조를 약속한다. 그리하여 시내를 돌면서 이 자선 음악회의 개최를 알리고 사람들을 모으는 것은 서장이 파견한 '순사'들이다. 삼랑진역 대합실에서 열린 음악회에서 '눈물을 주르르' 흘리는 연설과 함께 형식 일행을 청중에게 소개하는 인물도 경찰서장이다.

골수 친일파 작가답게 일제 경찰을 미화한 것이 아니냐는 식의 흥분은 잠깐 접어두자. 개인의 사생활에 속하는 영역까지도 경찰력에 의해 보호되고 관찰되는 근대 사회의 현실, 일상의 모든 영역까지도 침투하기 시작하는 근대 국가 권력의 실상이 이 장면들에서 그대로 드러나고 있는 점에 주목할 필요가 있다. 더구나 그 권력의 모습은 엄하고 딱딱한 것이 아니라, 온화하고 자상하게 그려져 있는 것이다. 그리고 이 온화하고 자상한 모습이야말로 엘리자벳트로 하여금 '재판에 양반 상놈이 있나'라는 기대를 걸게끔 한 근대 식민지 국가 권력의 또 다른 얼굴이었다는 것, 그 점에 주목해야 하는 것이다.

그러나 앞에서 보았다시피, 엘리자벳트의 기대는 철저히 유린되었다. 그것은 식민지의 근대적 사법이 필연코 피식민자의 기대를 배신하고 말 것임을 충분히 예언하는 것이었다. 「약한 자의 슬픔」이 발표된 4년 뒤인 1923년의 단편 「태형(笞刑)」은 그 점을 잘 보여준다.

널리 알려져 있다시피, 이 작품은 삼일 운동에 연루된 김동인의 감옥 체험을 바탕으로 한 것이다. 찌는 듯한 한여름, 다섯 평이 못 되는 좁은 방 안에 마흔한 명이나 되는 죄수가 갇혀 있다. 고통은 이루 말로 못한다. 감옥 안에서 채찍질은 공공연한 형벌의 하나이다. 간수들은 대답이 늦거나 사소한 규칙을 어기는 죄수에게 가차 없이 채찍을 내려친다.

한편 이 소설에서 주목할 것은 근대적 사법 제도가 시행되는 이 시점에서도 매로 볼기를 때리는 '태형'이 제도적으로 시행되고 있었다는 사실이다(일제는 근대적 사법 제도를 식민지 조선에 시행하면서 봉건적 행형 제도인 '태형'은 그대로 존속시켰다. '조선인의 민도(民度)로 보아 아직 태형을 없앨 단계가 아니라는 것'이 그 이유였다. 태형이 완전히 폐지되는 것은 1920년이다).

 늙은 죄수 하나가 '태형 구십 도'의 '판결'을 받는다. 다른 죄수들은 그를 부러워한다. 매만 맞고 나면 출옥할 수 있기 때문이다. 그러나 늙은 죄수는 자기 나이에 매를 맞았다가는 살아남기 어려우므로 항소하겠다고 한다. 다른 죄수들은 한 사람이라도 출옥을 해야 편히 생활할 수 있으므로 그를 비난하면서 그가 '태형'을 받아들일 것을 강요한다. 늙은 죄수는 할 수 없이 항소를 취소한다. 주인공은 감방 안에서 태형을 받는 늙은 죄수의 울부짖는 소리를 듣는다.

 "히도오쓰(하나)" 하는 간수의 소리에 연한 것은,
 "아유!" 하는 기운 없는 외마디의 부르짖음이었다.
 "후다아쓰(둘)"
 "아유!"
 "미이쓰(셋)"
 "아유!"
 우리는 그 소리의 주인을 알았다. 그것은 어제밤 우리가 내어

쫓은 그 영원 영감이었다. 쓰린 매를 맞으면서도 우렁찬 신음을 할 기운도 없이 '아유' 외마디의 소리로 부르짖는 것은 우리가 억지로 매를 맞게 한 그 영감이었다.

근대 사법 기관이 내리는 '태형 구십 도'의 '판결,' 그것을 집행하는 일본어의 구령, 기운 없는 외마디의 신음 소리…… 식민지 조선에서 진행되는 근대화의 한 풍경은 김동인의 소설에서 이렇게 드러나고 있었다.

5. "우선 말부터 영어로 수작하자"
── 한국 소설과 영어

　(구) "이애 옥련아, 어, 실체하였구. 남의 집 처녀더러 또 해라 하였구나. 우리가 입으로 조선말은 하더라도 마음에는 서양 문명한 풍속이 젖었으니, 우리는 혼인을 하여도 서양 사람과 같이 부모의 명령을 좇을 것이 아니라, 우리가 서로 부부 될 마음이 있으면 서로 직접 하여 말하는 것이 옳은 일이다. 그러니 우선 말부터 영어로 수작하자. 조선말로 하면 입에 익은 말로 외짝 해라 하기 불안하다."
하면서 구씨가 영어로 말을 하는데, 구씨의 학문은 옥련이보다 대단히 높으나 영어는 옥련이가 구씨의 선생 노릇이라도 할 만한 터이라. 그러나 구씨는 서투른 영어로 수작을 하는데, 옥련이는 조선말로 단정히 대답하더라.
　김관일은 딸의 혼인 언론을 하다가 구씨가 서양 풍속으로 직접 언론하자 하는 서슬에 옥련의 혼인 언약에 좌지우지할 권리가 없이 가만히 앉았더라.

"평양 일경이 떠나가는 듯한" "일청전쟁의 총소리"로 막을 여는 이인직(李人稙)의 신소설 『혈의 루』(1906)에서의 이 장면만큼 20세기 한국 사회의 미래를 그대로 예시하고 있는 것은 없는 듯하다. 일본인 군의(軍醫)의 도움으로 일본으로 간 옥련은 길에서 우연히 만난 청년 '구완서'의 도움을 받아 그와 함께 "횡빈(橫浜: 요코하마)"에서 "화살같이 달아나는 화륜선"을 타고 미국 "상항(桑港: 샌프란시스코)"에 도착하여 다섯 해 만에 "화성돈(華盛頓: 워싱턴)"의 "고등소학교"를 우등으로 졸업하고, 먼저 미국에 와 있던 아버지 '김관일'과 감격에 찬 해후를 한다. 위의 장면은 옥련이 아버지와 함께 "미국 화성돈 어떤 호텔"로 구완서를 방문한 자리에서 벌어지는 사건이다.

옥련과의 결혼을 권하는 김관일 앞에서 "서양 풍속에 젖은" 구완서는 "우리가 부부될 마음이 있으면 서로 직접 말하는 것이 옳은 일"이라고 한다. 그러니, "우선 말부터 영어로 수작하자"는 것이 혼인 제의를 받은 구완서의 생각이다. 영어를 잘 못하는 구완서는 "서투른 영어로 수작을" 하고 옥련이는 "조선말로 단정히 대답"을 한다. 아버지 김관일은 딸의 혼인 말을 꺼냈다가 "서양 풍속으로 하자는 서슬에" "좌지우지할 권리가 없이 가만히 앉아 있다." 이들의 대화가 구체적으로 어떻게 진행되었는지는 더 이상의 서술이 없으니 알 수 없지만, 아무튼 혼인은 아무 문제없이 성사되었다.

한국 신문학의 첫 장을 여는 이 소설에서 이렇듯 쉴 새 없이 등장하는 '영어' '미국' 등의 표지들은 이미 심상치 않은 어떤 징후들을 드러내고 있다. 딸의 혼인을 논의하는 자리에서 아버지 김관일로 하여금 아무 말도 못하고 "가만히 앉아 있"게 만드는 것은 다름 아닌 '영어'의 위력이다. 그것은 김관일이 영어를 못해서가 아니라(그는 구완서나 옥련보다 훨씬 일찍 미국에 와서 거주하고 있다) 영어로 표상되는 새로운 질서 때문이다. 다시 말해, 영어로 말을 한다는 것은 혼인을 하는 데에 "부모의 명을 좇는" 조선 풍습을 버리고, "서로 직접 밀하는" "서양 문명"을 따르는 것을 뜻한다. 그러므로 "영어로 수작"하는 것이야말로 "문명한 세상에 나서 나라에 유익하고 사회에 명예 있는 큰 사업을 하자 하는 목적"을 이루는 첫번째 조건인 것이다.

문명 개화의 전도사였던 독립신문이 순한글판과 영문판을 동시에 발행했던 사실이 단적으로 증명하듯이, 영어는 봉건 조선의 어둠을 물리치는 문명의 빛으로 인식되었다(사람들은 이완용이 일본어에 능통하였으리라고 생각하지만, 실상 그는 한국 최초의 근대식 교육 기관인 '육영공원'에서 미국인 교수들로부터 영어를 배웠고 이후 미국 주재 공사로 근무하였다. 그는 일본어를 몰랐고 조선 총독부의 관리들은 그의 영어에 주눅이 들기도 했다는 일화가 있다). '영어=미국=문명=세계'라는 이 표상 구조는

19세기 말 이래 한국 사회에 하나의 강박으로 자리 잡았고, 한국 소설은 이러한 사회적 현상을 가감 없이 반영했다.

『혈의 루』의 작가는 '화륜선'을 타고 미국에 첫발을 디딘 구완서와 옥련의 도착 장면을 다음과 같이 묘사한다.

> 서생과 옥련이가 육지에 내려서 갈 바를 알지 못하여 공론이 부산하다.
> (서) "이애 옥련아, 네가 영어를 할 줄 아느냐. 조금도 모르느냐. 한마디도……. 그러면 참 딱한 일이로구나. 어디가 어디인지 물어볼 수가 없구나."
> 사오 층 되는 높은 집은 구름 속 하늘 밑에 닿은 듯한데, 물 끓듯 하는 사람들이 돌아들고 돌아나는 모양은 주막집 같은 곳도 많이 보이나 언어를 통치 못하는 고로 어린 서생들이 어찌하면 좋을지 알지 못하여

다른 무엇보다도 "언어를 통치 못하는" 어려움이 부각되어 있는 것이다. 구완서와 옥련의 귀에 들리는 미국인들의 말은 "'바바……' 하는 소리 같고 말하는 소리 같지는 아니하다." 소설은 영어를 몰라서 길에서 우왕좌왕하는 구완서와 옥련을 묘사한 뒤, 마침 그 자리를 지나던 청국의 개화지사 강유위(康有爲)의 도움으로 그들이 워싱턴의 학교에 들어가서 다섯 해 만에 옥련이가 우등생으로 졸업하게 되었다는 서술로 바로 이동

한다. 요컨대, 영어를 한마디도 못하던 사람이 "영어로 수작"하는 상태에 이르는 것, 그것이 문명개화의 실제임을 『혈의 루』는 분명히 하고 있는 것이다.

실제로 영어를 몰랐던 이인직이 다만 "바바 하는 소리"로밖에는 그릴 수 없었던 '영어'는 이광수(李光洙)의 소설에 오면 비로소 그 "수작"의 구체적인 양상을 드러낸다. 『무정』의 주인공 이형식의 직업은 '경성학교'의 '영어 교사'이다. 미국 유학을 한 바 있는 '김장로'의 집에 이형식이 '영어 개인교수'를 하러 가는 장면으로부터 소설은 시작된다. 김 장로의 딸인 '정신 여학교'의 졸업생 '선형'이 미국 유학을 위해 이형식에게 잉어를 배우는 첫 장면을 보자.

"그러면 에이, 비, 시, 디부터 시작하리까요?"
"예" 하고 둘이 함께 대답한다.
"그러면 그 공책과 연필을 주십시오. 제가 에이, 비, 시, 디를 써드릴 것이니."
선형이가 두 손으로 공책에다 연필을 받쳐 형식을 준다. 형식은 공책을 펴놓고 연필 끝을 조사한 뒤에 똑똑하게 a b c d를 쓰고 그 밑에다가 언문으로 '에이' '비' '시 —' 하고 발음을 달아 두 손으로 선형에게 주고 다시 순애의 공책을 당기어 그대로 하였다.

"그러면 오늘은 글자만 외기로 하고 내일부터 글을 배우시지요. 자 한번 읽읍시다. 에이." 그래도 두 학생은 가만히 있다. "저 읽는 대로 따라 읽읍시오. 자, 에이. 크게 읽으셔요. 에이."

형식은 기가 막혀 우두커니 앉았다. 선형은 웃음을 참느라고 입술을 꼭 물고 순애도 웃음을 참으면서 선형의 낯을 쳐다본다. 형식은 부끄럽기도 하고 답답하기도 하여 당장 일어나서 나가고 싶은 생각이 난다. 이때에 장로가 나오면서,

"읽으려무나. 못생긴 것. 선생님 시키시는 대로 읽지 않고."

그제야 웃음을 그치고 책을 본다. 형식은 하릴없이 또 한 번

"에이."

"에이."

"비―."

"비―."

"시―."

"시―."

이 모양으로 '와이' '제트'까지 삼사 차를 같이 읽은 후에 내일까지 음과 글씨를 다 외우기로 하고 서로 경례하고 학과를 폐하였다.

이렇듯 소설의 첫 장면에서 ABC를 배우던 선형이 소설의 결말에서 "시카고 대학 사 학년"의 "훌륭한 레이디"로 바뀌는 것, 즉 영어 알파벳을 익히던 사람이 미국 일류 대학의 학생이 되어

'영어로 수작'하는 경지에 이르는 문명개화의 코스, '영어'가 가리키는 것이 바로 그것임을 『혈의 루』에 이어 『무정』이 말하고 있는 것이다.

이광수는 그 자신 영어에 꽤 능통했기 때문에 그렇기도 했겠지만, 소설의 대화나 지문에 영어를 즐겨 사용했다(그가 소설 속에서 영어나 일본어를 즐겨 사용한 반면, 한국어의 방언을 전혀 사용하지 않았다는 사실은 그 자체만으로 또 다른 탐구의 대상이 될 만하다. 이에 대해서는 이 책의 다른 글 「"너, 어떻게 여기 완?"」 참조). 영어를 문명개화의 뚜렷한 가시적 상징으로 받아들인 20세기 한국 지식인들의 사고를 이광수의 소설만큼 분명하게 보여주는 사례는 달리 없을 것이다.

이광수의 소설에서 영어는 '새로운 가치'를 대변하는 가장 분명한 기표였다. 『무정』에서의 다음 장면은 '문명'과 관련하여 '영어'가 어떤 의미 작용을 하는가를 선명하게 보여준다.

우선도 아무쪼록 세상에 유익한 일을 하려고는 한다. 다만 그는 형식과 같이 열렬하게 세상을 위하여 일생을 바치려는 열성이 없음이니, 형식의 말을 빌리건댄 우선은 '개인 중심의 지나식 교육을 받은 자'요 형식 자기는 '사회 중심의 희랍식 교육을 받은 자'이라. 바꾸어 말하면 우선은 한문의 교육을 받은 자요 형식은 영문이나 덕문의 교육을 받은 자이라.

형식은 영채를 '낡은 여자'라 하고 다시 형용사를 붙여서 순결 열렬(純潔熱烈)한 구식여자(舊式女子)라 하였다. 그러나 우선은 이번 영채의 행위는 절대적(絶對的)으로 선(善)하다 한다. 하나는 영문식(英文式)이요 하나는 한문식(漢文式)이로다.

신우선은 "지나(支那) 소설에 나오는 풍류 남자"이며 "당나라 시절 호협한 청년의 풍"을 지닌 "신사"이기는 하지만, 여전히 낡은 관습에서 벗어나지 못한 인물이며 깨어나야 할 대상이다. 그것이 "한문식"이다. 이에 비해 "영문식"인 형식은 한발 앞선 인물임이 분명하다. 신우선과 이형식을 이렇게 "한문식"과 "영문식"으로 대비하는 어법이 문명의 위계를 국가별로 줄 세우는 19세기 말 이래의 담론 질서에 그 연원을 두고 있는 것임은 말할 것도 없다. 다시 말해, 그 비유는 "당나라 호협 풍"의 "한문식" 풍류 남아 신우선이 "백설 같은 파나마 모자를 쓴 카이젤 수염"의 "영문식" 신사로 탈바꿈하는 문명개화의 길을 암시하고 있는 것이다.

이광수의 또 다른 장편소설 『재생(再生)』(1924~25)에서의 다음 장면은 언어가 사회적 위계질서 혹은 어떤 가치의 우열을 드러내는 결정적 매개물이라는 사실, 그리고 근대 한국 사회에서 '영어'가 그러한 역할을 어떻게 수행했는가 하는 점에 대한 흥미로운 사례가 될 만하다.

백은 점잖고 공손한 사람이었다. 어쩌면 그렇게 '젠틀'(점잖) 해 보이고 '델리킷'(우아)해 보일까. 순기는 못나 보이고, 윤은 못난 듯하고 음흉해 보이고, 최는 남자다우나 더퍼리다. 김씨는 말라깽이요 추근추근하고 아니꼽게 군다. 그런데 백은 '라운드' (둥글고) '스무우스'(미끈하다), 진실로 '애리스토크래틱'(귀족 적)이다. 게다가 '밀리어네어'(백만금 부자)요. 이런 좋은 집이 있고 또 나를 사랑한다.

『재생』의 여주인공 '순영'이 백만장자인 '백윤희'의 초대를 받 고 그의 별장에 간 날 거기 모인 남자들을 보고 혼자 속으로 하 는 품평이다. 순영은 자신에게 목을 맨 백만장사 백윤희의 구 애가 그다지 싫지는 않다. 더구나 그의 호화로운 별장과 재산 을 보고 은근히 그에 대한 호감마저 느끼기 시작한다. 그런데 이 대목에서 순영이 백윤희와 다른 남자들을 비교하는 언어의 배치가 실로 흥미롭다. 백윤희 이외의 남자들에 대한 순영의 표현은 '못나다' '음흉하다' '더퍼리다' '말라깽이' '추근추근하 다' '아니꼽다' 등이다. 그에 비해 백윤희를 가리키는 말들은 '젠틀' '델리킷' '라운드' '스무우스' '애리스토크래틱' '밀리어네 어' 등이다. 한국어 단어들 사이에서 도드라지는 이 영어 단어 들이 긍정적 가치들의 지표로 사용되기 시작하는 이 지점에서 영어의 사회적 지위가 확정되었을 것임을 짐작하기는 어렵지 않다.

그러나 영어가 언제나 긍정적 가치만을 표상하는 것은 아니었다는 점을 또 주목할 필요가 있다. 영어가 명예, 부, 권력 등을 상징하는 하나의 기표가 되었던 만큼 그것은 동시에 지극히 세속적인 경박한 시류의 상징으로도 작용했던 것이다. 『재생』은 영어의 그 다른 측면을 다음과 같이 보여준다.

"**훼어에버 유우 아아 고우 아일 고우**(어디나 당신이 가는 곳이면 내가 가지요)."
하고 찬성을 구하는 웃음을 웃는다.
김박사가 하도 유쾌하게 떠드는 바람에 순영이도 마음이 유쾌해지어서 빙그레 웃는다. 김박사도 그 눈치를 알아차리고 한 번 더 다진다.
"**컴온! 노오 헤지테이션!**(자! 주저할 것 없어요!)"
[……]
"선생님, 저 같은 것을 데리고 가셔서 무엇을 하세요? 거치정거리기만 할 것을."
순영은 마침내 이런 말을 하게 되었다.
"**오우 네버 네버 마인**(어 천만에 천만에), 순영씨만 같이 가신다면 어디나 가고 무슨 일이나 다 하지요."
[……]
"**오오라잇, 아이 팔로우 유우**(네 당신을 따르지요). 그러지요."
이렇게 속으로 영어로 대답할까 하고 생각하노라고 순영은 이

읔히 고개를 숙였다. (강조는 인용자)

'영어로 수작'하는 것이 본격적으로 드러나는 이 장면은 미국 유학을 하고 모 전문학교의 교수로 있는 당대의 명사 '김박사'가 순영을 유혹하는 대목이다. 바람둥이이며 파락호인 김박사가 여기서 사용하는 영어가 다소 희화적, 부정적으로 묘사되고 있음은 분명하다. 그러나 그것이 영어=미국이 표상하는 가치를 결정적으로 흔드는 것은 아니었음도 또한 분명하다.

'영어로 수작하기'는 자주 비난과 조롱, 경계와 혐오의 대상이 되곤 했지만, 비난의 강도가 크면 클수록 그것은 영어가 지닌 위력의 크기를 반증하는 것이기도 했다. 그 점은 8·15 해방기에 가장 극적으로 드러났다. 바로 어제까지만 해도 '귀축(鬼畜) 미영(米英)'으로 불리던 '미국(=영어)'이 새로운 권력으로 군림하는 혼돈의 현장. 채만식(蔡萬植, 1902~50)의 단편 「미스터 방」(1946)만큼 그 현장을 날카롭게 포착해낸 작품도 흔치 않을 것이다.

'일자 무식의 코삐뚤이 삼복이'는 식민지 시절 일본으로 중국으로 떠돌다가 해방 직전에는 종로 바닥의 신기료 장수로 날을 보낸다. 독립이 무언지, 해방이 무언지 알 바 없던 그의 운명을 바꾼 것은 일찍이 "상해에서 귀로 익힌 토막 영어"이다. 서울 거리에는 "미국 병정들"이 흘러넘친다. 소설은 "코삐뚤이 삼복이"가 "미스터 방으로 승차"하는 장면을 다음과 같이 묘사한다.

미국 장교는 담뱃대를 집어 들고 기물스러워하면서 연방 들여
다보다가 값이 얼마냐고
 "하우 머춰? 하우 머춰?" 하고 묻는다.
 담뱃대장수 영감은 30원이라고 소래기만 지른다.
 알아들을 턱이 없어, 고개를 깨웃거리면서 다시금 하우 머춰
만 찾는 것을, 기회 좋을시라고, 삼복이가 나직이
 "더티원."
하여주었다.
 홱 돌려다보더니,
 "오, 캔 유 시피크?"
하면서, 사뭇 그러안을 듯이 반가워하는 양이라니, 아스러지도
록 손을 잡고 흔드는 데는 질색할 뻔하였다.

 종로 바닥의 신기료 장수로부터 점령군 장교의 통역으로 변
신한 '미스터 방'에게 주어지는 온갖 혜택과 권력, 그리고 그의
몰락을 그리는 이 소설에서 서사의 기본적인 모티프는 말할 것
도 없이 '영어'인데, 그 영어는 지극히 부정적으로 희화적으로
묘사되어 있다. 영어의 위력과 그것이 행사하는 권력에 대한
반감. 「미스터 방」을 비롯하여 해방 이후의 한국 소설은 이제
그것을 그려냄으로써 새로운 계보를 만들기 시작했다. 요컨대,
"문명한 세상에 나서 나라에 유익하고 사회에 명예 있는 큰 사

업을 하자"면 "우선 영어로 수작하자"던 문명의 비전vision으로 부터, "엠피MP한테 말 한마디문, 죽을 놈이 살아나구 살 놈이 죽"는 야만의 비전으로의 이동. 한국 소설과 영어의 관계는 아마도 그 이동의 경로를 추적하는 데에서 모습을 드러낼지도 모른다.

6. "연애는 환장이니라"
─한국 소설과 에로티시즘

    그날 저녁 무렵은 유난히도 무더웠다. 더우면 사람들은 해변에서나 집 안에서나 옷 벗기를 즐겨한다. 〔……〕 대체 주인 양주는 이때껏 무엇을 하고 있나 하고 빈지 틈에 눈을 대었다. 이 괴망스러운 짓이 실수였는지도 모른다. 빈지 틈으로는 맞은편 건넌방이 또렷이 보인다. 분녀는 하는 수 없이 방 안의 행사를 일일이 보지 않을 수 없었다.

    거의 숨을 죽였다. 피가 솟아 얼굴이 화끈 단다. 목구멍이 이따금 울린다. 전신의 신경을 살려 두 손을 펴고 도마뱀같이 빈지 위에 납작 붙었다.

    수돗물이 쏟아질 대로 쏟아져 목욕통이 넘쳐나는 것도 잊어버리고 분녀는 어느 때까지나 정신없이 빈지에 붙어 앉았다. 더운 김에 서리어서인지 눈에 불이 붙어서인지 몸이 불덩이같이 덥다.

날이 지나도 흥분이 쉽사리 사라지지 않는다.

'그런 세상도 있구나.'

거기에 비하면 지금까지 겪은 세상은 너무도 단순하고 아무것도 아닌—방 안의 세상이 아니오 문밖 세상 같은 생각이 든다. 가지가지의 경험을 죄진 것같이 여기던 무거운 생각도 어느 결엔지 개어지고 도리어 자연스럽고 그 위에 그 무엇이 부족하였다는 느낌조차 들었다.

관사의 광경은 확실히 커다란 꼬임이었다. 일시 잠자던 것이 다시 깨어나 이번에는 더 큰 힘으로 움직이기 시작하였다. 아무리 우물물을 퍼서 몸에 퍼부어도 쓸데없다. 한시도 침착하게 앉아 있을 수 없이 육신이 마치 신상대 모양으로 설레는 것이다.

위의 인용문은 이효석(李孝石, 1907~42)의 단편 「분녀」(1936)의 한 장면이다. 군청의 관사에서 식모 일을 하고 있는 분녀가 주인 부부의 성교 현장을 문틈으로 엿보면서 성적 흥분을 느끼는 이 장면은 한국 소설에서 가장 노골적인 성적 묘사 가운데 하나로 손꼽힐 만한 것이다. 주인 부부의 성교 장면이 직접적으로 묘사되지 않고 그 대신에, "두 손을 펴고 도마뱀같이 빈지 위에 납작 붙어"서 건넌방을 엿보는 분녀의 흥분 상태가 그려짐으로써, 그런 분녀를 다시 엿보는 독자의 성적 상상력은 극대화된다.

그런 의미에서 「분녀」는 음탕한 소설이다. 보다 정확히 말하면, '음탕함'을 실험하는 소설이다. 작가와 주인공과 독자를 잇는 연결 고리는 오로지 '음탕함'이다. 그 '음탕함'은 물론 남성-작가와 남성-독자가 공유하는 음탕함이다. 어떤 음탕함인가? 지금부터 그것을 살펴보자.

「분녀」의 플롯은 '강간(强姦)'이다. 어머니와 동생이 함께 자고 있는 방 안에서 누군지도 모르는 남자에게 강간을 당하는 장면으로부터 소설은 시작되어 여러 명의 남자들에게 겁탈당하는 분녀의 이야기가 이 소설의 플롯을 이룬다. 첫번째의 강간 사건에서 분녀는 "새까만 하늘이 부끄럽고 디딘 땅이 부끄럽고 어두운 밤을 대하기조차 겸연스"러웠다. 그러나 "분녀는 그렇게 눈떴다." 두 번, 세 번 다른 남성들에게 겁탈당하는 '경험'을 통해 차츰 담대해지는 그녀의 몸과 마음을 작가는 집요하게 추적한다. 단옷날 그네뛰기에서 그네를 타고 하늘 높이 치솟은 그녀의 시야에 들어온 광경을 작가는 이렇게 묘사한다.

마지막 힘을 불끈 내어 강물같이 후렷이 솟아 나갈 때 벌판으로 달리는 눈동자 속에 문득 맞은편 수풀 속의 요절할 한 점의 광경이 들어왔다. 순간 눈이 새까매지고 허리가 휘친 꺾이며 힘이 푹 스러지는 것이었다.

'왕가일까.'

추측하며 재차 솟구며 나가 내려다보니 움직이지도 않고 그대로 서 있는 꼴이 개울 옆 수풀 그늘 아래 완연하다. 그 불측한 녀석은 참다 못해 그 자리에 선 것이 아니오, 확실히 일부러 그 꼴을 하고 서서 이쪽을 정신없이 쳐다보는 것이다. 아마도 오랫동안 그 목적으로 그 짓을 하고 섰던 것이 요행 주의를 끌어 눈에 뜨인 것이리라. 거리에서 드팀전을 하고 있는 중국인 왕가인 것이다.

'음칙한 것.'

속으로는 혀를 차면서도 이상하게도 한눈이 팔려 분녀는 노리는 동안에 팽팽하게 당기던 기운이 왈싹 줄어들며 그네가 줄기 시작하였다.

"깅물길이 후렷이 솟아 나"가는 그네 위에서 "벌판으로 달리는 눈동자"가 포착한 "수풀 속의 요절할 한 점의 광경"이 무엇인지 작가는 말하지 않는다. 그러나 그네타기에 대한 이 박진감 넘치는 묘사가 독자의 성적 상상력을 한껏 자극하는 것임에는 틀림없다. 분녀는 이제 수많은 사람들 속에서 왕가와 은밀한 눈짓을 주고받는 것만으로도 "다리에 힘이 풀려서 그넷줄을 놓치고" "좀체 흥분이 사라지지 않는" 상태가 되었다. 왕가에게 겁탈을 당한 후의 분녀의 상태를 작가는 이렇게 묘사한다.

생각하기도 부끄러운 일이나 사실 왕가는 특별한 인간이었다. 사내 이상의 것이라고 할까. 그로 말미암아 분녀는 완전히 눈을 뜨게 된 것이다.

왕가를 보는 눈이 전과는 갑자기 달라져서 은근히 그가 그리운 날이 있었다. 피가 수물거려 몸이 덥고 골이 땅할 때조차 있다. 그런 때에는 뜰 앞을 저적거리거나 성 밖에 나가 바람을 쏘일 수밖에는 없었다. 그러나 그것만으로는 도무지 몸이 식지 않는 때가 있다.

요컨대, 강간을 통해 그녀의 섹슈얼리티는 완성되었다. '여자는 강간을 원하고 그것을 통해 성적 쾌감에 눈뜬다'는 남성의 포르노그래피적 상상력은 1930년대 이효석의 소설에서도 이렇듯 유감없이 발휘되고 있었던 것이다. 이효석의 소설은 거의 대부분 이러한 포르노그래피적 상상력에 의한 성적 심미화의 산물이다.

한국인 거의 모두가 읽었을 것으로 짐작되는 「메밀꽃 필 무렵」도 그렇다. 대부분의 독자들은 그 소설에서 허생원의 안타까운 사랑의 추억을 읽어내지만, 한껏 낭만화된 그 하룻밤의 사랑은, 이효석의 다른 소설과의 비교를 통해 바라보자면, 무언가 수상쩍고 의심스러운 것이기도 하다. 소금을 뿌린 듯이 하얀 달밤의 메밀밭을 걸으며 허생원이 회고하는 '성서방네 처녀'와의 '물방앗간에서의 하룻밤 인연'은 이효석의 소설에서 반복되는 모티프, 즉 우연히 마주친 여성과의 급격한 정사(情事), '강간'을 연상시킨다.

돌밭에 벗어도 좋을 것을, 달이 너무도 밝은 까닭에 옷을 벗으러 물방앗간으로 들어가지 않았나. 이상한 일도 많지. 거기서 난데없는 성서방네 처녀와 마주쳤단 말이네. 봉평서야 제일 가는 일색이었지. 〔……〕 날 기다린 것은 아니었으나 그렇다고 달리 기다리는 놈팽이가 있는 것두 아니었네. 처녀는 울고 있단 말야. 〔……〕 그러나 처녀란 울 때같이 정을 끄는 때가 있을까. 처음에는 놀라기도 한 눈치였으나 걱정 있을 때는 누그러지기도 쉬운 듯해서 이럭저럭 이야기가 되었네.

난생처음 보는 젊은 남녀 (남자는 옷을 벗으려던 참이다) 한밤에 밀폐된 장소에서 우연히 마주쳤다. 처녀는 '봉평 제일의 일색'이다. "처녀란 울 때같이 정을 끄는 때가 있을까"라는 말로 남자는 자신에게서 일어난 강렬한 욕정을 암시한다. "처음에는 놀라기도 한 눈치였"다는 것은 무엇을 가리키는 것일까? 허생원과의 사건 이후 처녀와 그 가족들은 종적을 감추어버렸다. '첫날밤이 마지막 밤이었다'고 회상하는 허생원에게 친구인 조선달이 "수 좋았지. 그렇게 신통한 일이란 쉽지 않어"라고 대꾸하는 것은 그러한 일이 장돌뱅이들의 세계에서 희귀하지만 있을 수 있는 '운 좋은' 일임을 암시한다.

난생처음 만난 남녀가 순간적 격정에 사로잡혀 상호 동의하에 육체적 관계를 맺는 소설적 설정은 1930년대 한국 소설에서는 상상하기 어렵다. 그 관계는 일방적인 것일 가능성이 크고 이효석의 소설에서는 더욱 그렇다. 그렇다고 한다면 '메밀꽃 필 무렵'에 벌어진 사건의 진상은 무엇이었을까? 있었음 직한 사정들은 그러나 달밤, 메밀꽃, 물방앗간 등의 극도로 심미화된 효과로 인해 슬그머니 사라진다. 그것이야말로 이효석의 작가적 장기(長技)였다. 이렇게 「메밀꽃 필 무렵」을 이효석의 다른 소설들과 연관시켜 읽을 때, 그 아름다운 서정의 세계 속에서는 뜻밖에도 난폭한 폭력의 그림자가 어른거린다.

포르노그래피적 상상력의 또 다른 면모는 도시 지식인이 그려내는 야성(野性)에의 환상이다. 분녀의 형상은 사실상 도시의 남성 지식인이 지닌 야성적 여성성에 대한 환상에 지나지 않는다. 「분녀」와 같은 해인 1936년에 씌어진 단편 「들」에서도 그 점은 잘 나타난다. 화자인 '나'는 서울의 학교에서 사상 관계로 쫓겨나 고향으로 돌아온 청년이다. "나는 책을 외듯이 벌판의 구석구석을 샅샅이 외고 있다. 마음속에는 들의 지도가 세밀히 박혀 있고 사철의 변화가 표같이 적혀 있다. 나는 들사람이요 들은 내 것과도 같다." 고향의 들판에 누워 느끼는 봄의 기운을 "알레그로가 지나고 안단테에 들어갔을 때의 감동"으로 묘사하는 이 도시 지식인이 지닌 '고향'과 '농촌'에 대한 이국(異國) 정서 exoticism는 여성에 대해서도 그대로 적용된다. 그의 눈에 비치는 마을 처녀 '옥분'은 과수원 철망을 넘어 따먹고 싶은 '딸기'와도 같은 것이다. "누구의 과수원이든 간에 철망을 넘는 것은 차라리 들사람의 일종의 성격이 아닐까." 과연 딸기를 따라 과수원의 철망을 넘던 '나'는 옥분과 마주친다.

"딸기 따줄까"
"무서워."

그의 떨리는 목소리가 왜 그리도 나의 마음을 끌었는지 모른다. 나는 떨리는 그의 팔을 붙들고 풀밭을 지나 버드나무 숲 속으로 들어갔다. 그의 입술은 딸기보다도 더 붉다. 확실히 그는 딸기 이상의 유혹이다.

"무서워."
"무섭긴."

하고 달래기는 하였으나 기실 딸기를 훔치러 철망을 넘을 때와 똑같이 가슴이 후둑후둑 떨림을 어쩌는 수 없었다. 버드나무 잎새 사이로 달빛이 가늘게 새어들었다. 옥분은 굳이 거역하려고 하지 않았다.

양딸기 맛이 아니요 확실히 들딸기 맛이었다. 멍석 딸기, 나무 딸기의 신선한 감각에 마음은 흐뭇이 찼다.

도시 지식인의 이국 취향적 시선이 발견하는 '고귀한 야만인 noble barbarian'으로서의 농촌과 농민의 형상은 1930년대 한국 소설에서 자주 발견되는 것이다. 한국 프롤레타리아 소설의 기념비적 걸작으로 평가받는 이기영(李箕永, 1895~1984)의 장편 『고향』(1933)도 그 점에서 예외가 아니다. 『고향』을 읽은 독자라면 누구나 성적 매력이 흘러넘치는 '방개'를 기억할 것이다. 씩씩하고 건실한 청년 '인동이'와 방개가 처음으로 육체 관계를 갖는 다음 장면은 그 묘사의 간결함과 함축성에서 한국 소설의 에로티시즘을 대표할 만하다.

> 시내 강변의 모래톱에는 돌비늘이 무수히 반짝인다. 그들은 나란히 모래톱에 앉았다. 물소리가 쫄쫄! 풀벌레가 찍찍! 그런데 가는 바람은 부채질하듯 솔솔 분다.
> 인동이는 물쭈리와 대꼬바리가 맞붙은 곰방대를 꺼내서 종이봉지에 싼 담배 부스러기를 담아 물고 성냥을 그대었다.
> [……]
> 방개는 생글생글 웃으며 연기 나는 물쭈리를 그대로 인동이 입에 넣어주었다.
> 인동이는 별안간 정신이 얼떨떨해졌다.
> 그는 담배를 끄고 나서 고만 그 자리에 방개를 껴안고 쓰러졌다.
> "아이 놔 얘! 가만 있어 좀…… 참 달두 무척 밝지!"

도시의 남성 지식인-작가들이 발견하는 야성미 넘치는 농촌 여성의 섹슈얼리티. 식민지 한국 소설의 에로티시즘은 거기에 중요한 원천을 대고 있다. 그러나 그렇다 하더라도 위의 장면에서 보이는 방개의 저 천연덕스러운 말과 몸짓은 얼마나 생생하고 에로틱한가! 어찌되었든 이러한 묘사들이 한국 근대 소설과 한국어의 자산을 이루고 있음도 부정할 수는 없는 것이다.

근대 소설은 에로티시즘과 불가분의 관계에 있다. 근대적 개인은 자신의 욕망을 발견하고 그것을 우선시하는 존재들이며 소설은 그런 근대적 개인을 그리는 양식이기 때문이다. 성적 욕망의 분출이야말로 봉건적 질곡으로부터 벗어나고자 하는 인간들의 자기표현 방식이었고 근대 소설은 이런 현상을 다른 어떤 예술 장르보다 풍부하게 반영하였다. 그러므로 일상생활의 전면적 표현을 목표로 하는 소설 양식에서 성적 묘사를 포함한 에로티시즘이 소설적 서사의 중요한 계기가 되는 것은 너무나 당연한 일이다.

그런 점에서도 이광수의 『무정』은 가히 선구적이다. 기생 영채가 월화와 함께 나누는 다음과 같은 동성애적 장면이 당시의 독자들에게 어떤 충격을 주었을지는 충분히 짐작할 수 있다.

영채도 이제는 남자가 그리운 생각이 나게 되었다. 못 보던 남자를 대할 때에는 얼굴도 후끈후끈하고 밤에 혼자 자리에 누워 잘 때에는 품어줄 누구가 있었으면 하는 생각이 나게 되었다. 한번은 영채와 월화가 연회에서 늦게 돌아와 한자리에서 잘 때에 영채가 자면서 월화를 꼭 껴안으며 월화의 입을 맞추는 것을 보고 월화는 혼자 웃으며 '아아, 너도 깨었구나— 네 앞에 설움과 고생이 있겠구나' 하고 영채를 깨워

"영채야, 네가 지금 나를 꼭 껴안고 입을 맞추더구나" 하였다. 영채는 부끄러운 듯이 낯을 월화의 가슴에 비비고 월화의 하얀 젖꼭지를 물며 "형님이니 그렇지" 하였다.

이 장면은 근대적 계몽("아아, 너도 깨었구나")이 개인의 성적 자각과 직결되어 있음을 분명히 보여준다. 다시 말해, 영채와 월화가 서로 가슴을 비비고 입을 맞추며 '하얀 젖꼭지'를 무는 이 장면의 에로티시즘이야말로 이광수의 계몽주의를 표상하는 또 하나의 방법이었던 것이다.

그러나 한국 소설을 근대적 에로티시즘과 연관하여 분석하는 연구는 아직 시작되지 않았다. 에로티시즘과 모더니티, 에로티시즘과 식민주의, 에로티시즘과 민족주의 등, 보다 깊고 세밀한 분석을 기다리는 연구의 주제들은 얼마든지 있다. 이 글은 그러한 연구를 촉구하기 위해 이러저러한 생각들을 두서없이 나열해 본 것에 지나지 않는다.

다른 예를 하나 들어보자. 가령, 채만식의 유명한 풍자 소설 『태평천하』(1938)에서의 다음과 같은 장면은 위에서 보았던 장면들과는 확연히 다른 것이다. 일흔두 살의 '윤직원'이 열네 살짜리 동기(童妓)를 데리고 벌이는 다음과 같은 '수작'은 에로틱하다고는 할 수 없지만, 채만식 특유의 풍자와 해학의 시선이 인간의 성적 욕망을 어떻게 그려내고 있는지, 그럼으로써 성의 묘사와 관련된 한국 소설의 목록이 얼마나 다채로울 수 있느지를 보여주는 흥미로운 사례이다.

"다리 구만 치구, 이리 온?"

하면서 턱을 까붑니다.

아이는 발딱 일어서더니 발치께로 돌아, 윤직원 영감의 가슴 앞에 바투 앉고, 윤직원 영감은 물었던 담뱃대를 비껴놓고는 아이의 머리를 싸악싹 쓸어줍니다.

"응…… 열늬 살이면 퍽 숙성히여!"

"……"

"야?"

"예?"

"으음…… 저어 거기서, 저어……"

"……"

"야?"

"예?"

"저어, 너……"

"예에"

"너 내 말 들을래?"

"예에?"

아이는 무슨 뜻인지 못 알아듣고는 눈을 깜작깜작합니다. 윤직원 영감은, 히죽 웃으면서 머리 쓸던 팔로 슬며시 아이의 목을 끌어안습니다.

6. "연애는 환장이니라" 87

"내 말 들어라, 응?"

"아이구머니!"

아이는 마치 불에 덴 것처럼 화닥닥 놀라면서 뛰쳐 일어나더니, 그냥 문을 박차고 그냥 꽁무니가 빠지게 달아나버립니다.

〔……〕

연애는 환장이니라(Love is blind)란다더니 옛말이 미상불 옳아, 이다지도 야속스레 윤직원 영감 같은 노인에게까지 들어맞기를 하는군요.

7. "나는 내지인 규수한테로 장가를 들래요"
——한국 소설과 '내선 결혼'

"어휴, 냄새. 저리 가요. 또 마늘을 잡수셨군."

"용서해줘. 그게 나오면 나도 모르게 손이 가거든. 할 수가 없어."

마늘 소동은 이번이 처음은 아니었다. 현은 이따금씩 몸에 이상이 올 적마다 향토 요리가 먹고 싶어지고, 그럴 때마다 지독한 냄새를 피우며 돌아오곤 하는데 그것이 아사미(阿佐美)를 질색하게 하는 걸 알면서도 어찌할 길이 없었다. 은밀히 먹고 와서 아사미의 코를 용케 속이는 수가 있지만, 대개는 들통이 나서 야단을 맞곤 했다. 어떻게도 할 수 없는 숙명 같은 것이었다.[1]

---

[1] 김남극 엮음, 『이효석 일본어 작품집, 은빛 송어』, 송태욱 옮김, 도서출판 해토, 2005, p. 110.

일본어로 씌어진 이효석(李孝石)의 단편 「아자미의 장(薊の章)」(『國民文學』, 1941)의 한 장면이다. 마늘 냄새에 코를 싸쥐는 '아사미(阿佐美)'는 카페의 일본인 여급(女給)인데 조선 지식인 '현'에게 반해 살림을 차린다. 그러나 주위의 냉대와 질시, 집안의 반대와 가난—젊은 그들의 결합을 가로막는 장애물은 산적해 있다. 아사미는 "버젓한 식도 못 올리고 적(籍)에도 올라 있지 못한" 자신의 처지를 비관하며 "정식으로 결혼을 해서 집안에 들어앉고 싶다"는 소망을 지니고 있지만 그것은 이루어지지 않는다. "노여움을 품은 듯한 강렬한 생김새의 엉겅퀴"를 보면서(엉겅퀴의 일본어가 '아자미〔あざみ, 薊〕'인 것이다). 일본의 고향으로 돌아간 '아사미'와의 추억을 회고하는 이 소설에서 인용한 위의 장면은, "어떻게도 할 수 없는 숙명" 같은 문화적 관습의 차이가 일상에서 일으키는 마찰을 가감 없이 표현하고 있다.

일본의 식민 지배 기간 동안 많은 일본인들이 조선에 건너와 살았다. 『조선 총독부 통계연보』 『조선 국세(國勢)조사 보고』 등의 신뢰할 만한 공식 통계에 따르면, 1910년 현재 조선 내 총인구 1,300만여 명 가운데 일본인은 1.28%, 즉 15만여 명에 이른다. 이들 중 대부분은 관리나 교원, 경찰, 군인이었다. 한편 노동자, 농민, 유흥업 종사자 등의 하층 계급이 새로운 기회를 찾아 조선 반도로 건너왔다. 그러나 식민지 조선에 거주하는 일본인의 숫자는 해방될 때까지 조선 내 전체 인구의 3%를 넘지 않았다. 1944년 현재 조선 내 총인구는 조선인 25,133,352명, 일본인 712,583명, 기타 외국인 71,573명, 합계 25,917,508명이었다.

그런데, 식민 지배자와 피지배자로 위치가 정해진 '일본인'과 '조선인'은 조선 내에서 어떻게 살아갔을까? 일본인들의 거류지가 조선인 마을이나 거주지와 분리되어 서로 '소 닭 보듯이' 살았을까? 아니면, 수많은 영화나 드라마, 역사 재현물들이 말하듯, 무력을 앞세운 소수의 외래 침입자가 다수의 '원주민'을 짓누르고 수탈하는 형태의 폭력이 이들의 사이를 시종일관했을까? 식민지 조선에서 태어났거나 부모를 따라 조선에 와 유년 혹은 소년 시절을 보낸 일본인들이 조선을 자신의 '고향'으로 생각하는 경우에[2] '식민주의'나 '민족주의'는 어떻게 정의될 수 있는 것일까? 조선에 건너온 일본인과 조선인이 결혼하는 경우는 어떠했을까? 해방 이후의 그들은, 그리고 그들의 가족은 어떤 운명을 겪었을까?

식민지란 거대한 이동이다. 그것은 사람과 물자, 그리고 당연히 문화의 끊임없는 이동과 혼합을 유발하고 또 그것을 통해

---

2) 유아사 가쓰에(湯淺克衛) 같은 작가의 경우가 대표적인 경우이다. 경찰 관리였던 아버지가 조선에 근무하게 됨으로써 조선으로 건너온 그는 삼일 운동 당시 제암리 사건을 목격하고 『간난이(カンナニ)』라는 장편소설을 쓰고 조선을 무대로 하는 소설을 꾸준히 발표했다. 그의 소설은 식민지 시기 조선에서 살았던 일본인들의 생활에 관한 충실한 보고서이기도 하다.

유지된다. 이 이동과 혼합의 양상이 어떤 것이었을지는 한마디로 답할 수 없다. 수탈과 억압을 규탄하는 과장되고 흥분된 기록들은 넘쳐흘러도 식민지에서의 일상생활을 차분하게 구체적으로 증언하는 사실적 기록들은 만나기 어렵다.[3] 조선인과 일본인 사이의 결혼, 동거, 연애 등을 그린 소설은 그 점에서 매우 높은 희소가치를 지닌다.

조선인과 일본인의 연애나 결혼을 주제로 한 소설은, 뒤에 살피겠지만, 대부분 일본어로 씌어졌다. 한국어로 씌어진 것은 이인직의 「빈선랑(貧鮮郎)의 일미인(日美人)」(매일신보, 1912. 3.1)과 염상섭의 「남충서(南忠緖)」(『동광』, 1927), 채만식의 「냉동어」(『인문평론』, 1940), 이광수의 「그들의 사랑」(『신시대』, 1941) 정도가 고작이다. 이인직의 소설은 가난한 조선 남자에게 시집온 일본인 부인이 남편에게 불평을 늘어놓는 어느 날의 풍경을 그린 콩트 같은 것으로 특별한 의미를 지닌 작품으로 보기는 어렵다. 이후 식민지 시기의 한국어 소설에는 일본인과의 연애나 결혼 문제는 물론이고, 일본인이 전면에 등장하는 작품도 이상할 정도로 없다(그 이유가 무엇인지에 대해서는

---

3) 그런 뜻에서 유종호 교수의 『나의 해방 전후』(민음사, 2004) 같은 저서의 소중함은 아무리 강조해도 지나치지 않다. 한편, 식민지 시기에 미국으로 이민 온 조선인 이민자들을 직접 인터뷰한 결과를 정리한 힐디 강Hildi Kang의 *Under the Black Umbrella*(Cornell University, 2001)는 식민지 경찰과 민중 사이의 실제적 접촉 양상에 관한 일반적인 상식에 많은 충격을 가하는 저서이다.

또 다른 깊이 있는 고찰이 필요할 것이다).

염상섭의 「남충서」는 그런 점에서 매우 희귀한 작품이다. '남충서'는 "서울서 셋째 손가락 차례는 되는" 부자 남상철(南相哲)과 기생 출신의 일본 여인 '미좌서(美佐緖)' 사이에 난 인물이다. "조선 사람도 아니요 일본 사람도 아닌 이상한 틈바구니에서 부대끼며 자라난" 남충서의 결혼과 상속을 둘러싸고 벌어지는 가정사를 다룬 이 소설은, 식민지의 거대한 이동이 어떻게 개인적 정체성의 경계를 뒤흔드는가를 선명하게 보여준다.

아버지의 성(姓)인 '남(南)'과 어머니의 이름 중의 '서(緖)'를 한 글자씩 따서 '남충서'가 된 주인공은 "동경까지 가서 제국대학 경제과를 졸업"한 "훌륭한 청년 신사"이지만 때때로 '야노 다다오(矢野忠緖)'이기도 하고, '미나미 다다오(南忠緖)'이기도 하고, '남충서'이기도 한 존재이다. 계급 운동을 하는 지하 조직에도 가담해 있는 그는 그러나 조직의 동지들에게서도 일상적으로 의심을 받는 존재이다. 다시 말해, 그는 어디에도 속하지 못한 이방인이며 전형적인 소수자이다. 다음의 독백은 그러한 그의 사정을 분명하게 보여준다.

어머니는 그래도 행복하다. 〔……〕 아버지도 하여튼 행복이다. 돈에 입이 달린 이 세상에서는 어떻든지 행복하다. 동지들도 똑같이 비참한 운명과 예기할 수 없는 공포에 허덕이면서도 야노 다다오라고 불렀다가 미나미 다다오라고 했다가 남충서가 되었다가 하지 않으니 만큼은 하여간 행복이다. 그들에게는 고향과 혈육에 대한 애착이 있다. 가정의 평화가 있다. 민족에 대한 감격이 있다. 그러나 내게는 그게 없다. 야노면 야노, 남가면 남가, 어디로든지 치우쳤다면 조그만 비극을 일평생 짊어지고 다니지는 않았을 것이다.

주인공 남충서만 문제적인 것은 아니다. 충서의 어머니인 '미좌서' 역시 흥미로운 존재이다. 기생 출신으로 조선인 부자 남상철의 첩이 되었다가 본실 부인이 죽은 뒤 "남편과 싸움 싸움하여 큰집 차지를" 한 이 일본인 여성의 '삼십 년 가까운' 조선 생활은 이미 그녀를 전형적인 조선 가정의 부인으로 만들었다. 남편의 재산을 둘러싼 처첩 갈등의 틈바구니에서 그녀가 보이는 악착같은 탐욕과 원한들에서 이미 식민지 지배자로서의 일본인의 위치는 찾아볼 수 없다. 오히려 조선인 부자 남상철이 가부장적 가해자라면 일본인 여성 미좌서는 연약한 피해자에 지나지 않는다(이 기묘한 전도는 작가의 의도였을까?).

"조선말도 조선 사람 볼 쮀쥐르게 하지마는" "조선식 살림을 할 줄 모를 뿐 아니라 위생에나 취미에도 도저히 맞지"가 않아서 걸핏하면 "하오리로 곱게 꾸미고 일본으로 조선으로 온천 신세나 지고 다니던" 미좌서는 "나두 조선의 흙이 되리라고 생각하였지만 역시 동경이 그립다"라고 말한다. 식민지의 동요하는 경계, 그 혼종성에 대한 날카로운 관찰을 염상섭은 1920년대에 이미 이렇게 보여주고 있었던 것이다.

조선인과 일본인의 연애나 결혼을 다룬 소설은 이른바 '내선일체(內鮮一體)'가 정책적으로 시행되기 시작하는 1940년 이후 급증했다. 이광수의 장편 『진정 마음이 만나서야말로』(『녹기(綠旗)』, 1940), 「소녀의 고백」(『신태양』, 1944), 최정희의 「환영 속의 병사」(『국민총력(國民總力)』, 1941), 이효석의 「아자미의 장」(『국민문학(國民文學)』, 1941), 정인택의 「껍질」(『녹기』, 1942), 한설야의 「피」(『국민문학』, 1942), 「그림자」(『국민문학』, 1942) 최재서의 『민족의 결혼』(『국민문학』, 1945) 등이 대표적이다.[4] 전부 일본어로 씌어졌고 「아자미의 장」 정도를 제외하면 '내선일체'의 의의를 고취·선양하는 이른바 '친일 소설'의 범주에 들 만한 것이라 해도 무리가 없을 것들이다.

그러나 의례적인 정치적 수사들을 일단 괄호 치고 이 소설들을 자세히 살펴보면, 그 안에는 결코 간단치 않은 식민지의 현실이 다양한 형태로 반영되어 나타나 있는 것을 알 수 있다. 앞서 말했듯이, 조선에 건너온 일본인의 대다수는 관리나 교원들이었고 나머지는 하층의 농민들이나 여자들의 경우 유흥업 종사자들이 많았다. 그러니 조선인 남성이 이성으로 접할 수 있었던 일본인 여성이란 대개 술집이나 카페의 여급 등으로 국한

---

4) 이 밖에도 일본에서 발표된 김사량의 「빛 속으로」(『文藝首都』, 1939), 장혁주의 「憂愁人生」(『日本評論』, 1937) 등이 있지만 여기서는 논의의 성격상 이들에 대한 언급은 생략한다.

되었던 것이고, 그러한 현실은 염상섭의 「남충서」나 이효석의 「아자미의 장」에서 잘 드러난다. 기생이나 여급이 아니면서 조선인 남성과 연애하거나 결혼 관계에 있는 일본인 여성의 이야기는 채만식의 「냉동어」, 정인택(鄭人澤, 1909~?)의 「껍질」, 한설야(韓雪野, 1900~1976)의 「피」 「그림자」 등에 나타난다.

조선인 작가에 의해 씌어진 이 일본어 소설들은 조선인과 일본인 사이의 결혼이나 연애, 동거가 일으키는 온갖 문제들을 다룬다. 가문과 핏줄을 중요시하는 전통적인 조선의 혼인 풍습을 정면으로 거스르는 데에서 오는 갈등과 혼란들, 언어, 풍습, 생활에서의 사소한 차이들로 인한 감정적인 충돌들, 주변 사람들의 반감과 질시로 인해 겪는 고통들이 이 소설들의 주 내용을 이룬다. '내선일체'란 결국 이러한 고통을 극복하고 두 민족이 진정으로 하나가 되는 것이라는 식의 정치적 구호로 끝나는 소설이 있는가 하면, 좌절하고 쓰러지는 것으로 끝남으로써 역으로 '내선일체'의 허구성을 교묘하게 드러내는 작품도 있다.

이 소설들의 배경을 이루는 현실을 좀더 자세히 살펴보자. 1940년 1월 1일에 창간된 일본어 잡지 『내선일체(內鮮一體)』는 이와 관련하여 주목을 요하는 대상이다. 1939년 7월 창씨명을 오토모 사네오미(大朝實臣)라고 하는 조선인 박남규에 의해 "내지와 조선 쌍방의 마음을 실천적으로 결합시킴으로써 진정한 '내선일체'를 구현하고, 정신적 결합을 철저히 지키기 위한 국민운동을 기도할 목적으로" '내선일체 실천사(內鮮一體 實踐

社, 이하 실천사)'라는 것이 결성되었다. 총독부 당국의 적극적인 후원을 받은 이 단체는 1940년 1월 조선 전체에 66개의 지사를 갖는 거대한 조직으로 발전했다. '실천사'는 기관지 『내선일체』를 1940년 1월부터 1944년 10월까지 통권 38호 간행하였는데, 이 단체와 잡지가 가장 중점을 둔 사업이 바로 '내선 결혼,' 즉 '내지인(일본인)'과 조선인의 결혼 사업이었다. 다음은 『내선일체』 1940년 12월호에 실린 선언문이다.

우리는 제창한다! 내선 양쪽이 결혼할 수 있도록 양쪽의 장벽을 하루빨리 제거해야 한다. 장애는 말할 필요도 없이 정치적, 경제적, 문화적(언어, 풍속, 습관, 예의, 사법) 등에 있다. 이것을 빨리 제거해서 내선의 구별이 나지 않게 할 방법과 수단을 찾아내야 한다. 〔……〕 본사 사업의 중심인 내선 결혼이 성하게 되면 우리 회사의 운동도 절반은 성공이라고 생각한다.

이 잡지에 게재된 몇 개의 통계가 눈길을 끈다. 창간호에 실린 「내지인과 조선인의 배우자 통계표」라는 기사는 '한일 합방 이후의 내선 결혼자를 2만 쌍'으로 가정하고 있다. 이 가정을 근거로 이 기사는 한 쌍의 평균 가족 수를 5.3명으로 잡아 10만 6천 명을 '내선일체 가족'으로 계산한다. 거기에 남녀 양쪽 부모의 가족까지를 더하면 총 31만 8천 명이 '내선 혈연관계' 즉 친족 관계에 있으며, 이 숫자는 일본 전체 인구(조선 포함)의

0.3%에 해당한다고 주장한다.

더욱 흥미로운 것은 1941년 4월호에 실린 「표창받은 내선 결혼자」라는 기사이다. 이 기사에 따르면 1940년 한 해 동안 내선 결혼을 한 부부는 모두 137쌍이며, 이들 중 조선인 남성과 일본인 여성의 결혼이 106쌍에 이른다. 창씨개명, 징병제 등과 함께 중요한 동화 정책의 하나로 부각된 내선 결혼은 총독부 당국과 언론 기관의 적극적인 지원을 받으면서 이렇듯 사회 운동의 차원으로 전개되었다. 일본인 여성과의 결혼을 원하는 조선인 남성의 신청자가 너무 많아서 '실천사'가 곤란을 겪기도 하는 기사가 실리는 것을 보아 국가가 주도하는 이 희대의 '중매 사업'은 그런대로 성공적이었던 듯하다.[5]

그러나 통계가 말할 수 없는 부분들이 있다. 한 해 137쌍의 내선 결혼, 그리고 106쌍의 조선인 남성과 일본인 여성의 결합이라는 통계의 뒤에는 어떤 욕망들이 숨어 있을까? 왜 조선에서건 일본에서건 '내선 결혼'은 거의 대부분 '조선 남성-일본 여성'의 결합을 의미하는 것이 되었을까? 이것은 매우 복잡한 설명을 필요로 하는 문제이지만, 지면 관계상 여기서는 몇 가지만 간단하게 말하고자 한다.

'내선일체' 같은 식민지 동화 정책은 지배자의 강제와 피지배

---

5) 이상 「내선일체사」와 내선 결혼에 관한 서술은 오야 지히로, 『잡지 『내선일체』에 나타난 내선 결혼 양상 연구』(연세대 국문과 석사학위 논문, 2006) 참조.

자의 무의지적 수용이라는 일방적 방향으로만 진행되지는 않는다. 식민지는 지배자와 피지배자의 욕망이 어지럽게 엇갈리며 교차하는 장(場)이다. 일본 제국주의의 입장에서 피지배자로서의 조선인은 '차별'과 '동원'의 대상이다. '차별'은 식민지 지배를 유지시키는 필수적인 메커니즘이다. 지배자와 피지배자의 '구별' 혹은 '차별'이 사라진다면, 식민지는 유지되지 않는다(그러므로, "내선 결혼을 통해서 내선의 구별이 나지 않게 하자"는 '실천사'의 선언은 지배자가 보기에 따라서는 발칙한 도전이 될 수도 있다). 그런데, '동화'나 '내선일체'는 어쨌든 이 '차별'을 폐지하고 동등한 권리와 의무를 부과하겠다는 선언이다. 지배자로서는 피지배자를 동원하기 위해 어쩔 수 없이 선택해야 하는 큰 모험이다. 그러나 피지배자가 진정으로 동화되어 자기와 같아지는 것을 지배자는 정말 원할까? 그렇지는 않을 것이다.

한편, "너는 지금부터 나와 같다. 우리는 하나다"라고 실은 스스로도 믿지 않는 위험한 발언을 지배자가 속삭일 때, 피지배자는 그 틈을 파고든다. "그래? 그렇다면 진짜로 같아지자. 진정으로 동화하자"라고 그는 지배자의 언어를 빌려 말한다(이광수가 『진정 마음이 만나서야말로』라는 장편소설에서 한 것이 그것이다). 이것은 피지배자로서도 목숨을 건 도박이다. 자칫하면 그는 자기 자신을 완전히 잃어버리고 지배자에 동화되어 버릴 것이다. 그러나 잘하면 그는 오랜 차별과 불평등을 벗어나는 길을 발견할 수 있을지도 모른다. 그는 거기에 모든 것을 건다. 일제 말기에 대부분의 조선인들은 그 길을 택했다. 이른바 동화 정책에는 식민 지배자와 피지배자 사이의 이렇듯 복잡하고도 교묘한 욕망과 간지(奸智)가 교차하는 것이다.

내선 결혼의 양상에 이러한 지배자와 피지배자의 어긋나는 욕망들이 숨어 있음을 여러 기록들은 보여준다. 그런데 왜 '조선 남성-일본 여성'의 결합이 절대적으로 많았을까? 한 연구자에 따르면, 내선 결혼을 통해서 일제가 획득하려고 한 것은 '병력으로서의 조선 남성'이었다. 정신적으로 '완전하게 황민화한 조선 남성'이야말로 전쟁 수행에 가장 필요한 자원이었고 그것은 내선 결혼을 통해 효과적으로 충당될 수 있을 것이었다.[6] 다시 말해, 일제가 내선 결혼을 통해서 동화시키고자 한 대상은 조선 남성이지 여성이 아니었던 것이다. 대다수의 내선 결혼이 조선인 남성과 일본인 여성의 결합이었던 것은 이러한 사정에서 기인한다.

이에 비해 피지배자, 즉 조선인의 입장은 많이 달랐던 것임을 다른 기록들은 보여준다. 제국주의 지배에서 식민지는 흔히 여성으로 표상된다. 제국의 무력이 식민지를 정복하는 것은 힘 센 제국의 남자가 식민지의 연약한 여성을 정복하는 일에 비유된다. 이 욕망을 뒤집으면 어떻게 될까? 피식민자의 남성은 제국의 여성을 취함으로써(그 방법이 무엇이든 간에) 그의 굴절된

---

6) 앞의 글.

욕망을 심리적으로 위무한다. 채만식의 유명한 단편 「치숙」 (1938)은 그러한 욕망에 사로잡힌 한 식민지 청년의 내면을 날카롭게 드러낸다.

나는 내지인 규수한테로 장가를 들래요. 〔……〕 내지 여자가 참 좋지요. 〔……〕 인물이 개개 일자로 예쁘겠다, 얌전하겠다, 상냥하겠다, 지식이 있어도 건방지지 않겠다, 조음이나 좋아! 그리고 내지 여자한테 장가만 드는 게 아니라 성명도 내지인 성명으로 갈고, 집도 내지인 집에서 살고, 옷도 내지 옷을 입고 밥도 내지식으로 먹고, 아이들도 내지인 이름을 지어서 내지인 학교에 보내고 〔……〕

이 청년은 그의 소망을 이루었을까? 얌전하고 예쁜 내지인 규수와의 사이에서 그가 아무 문제없이 행복할 수 있었으리라고는 상상할 수 없다. 잡지 『내선일체』는 의식주, 언어, 생활 습관, 취미 등의 문화적 차이로 고통받는 부부들의 이야기와 그것을 극복할 방안들을 소개하는 데에 많은 지면을 할애했다. 흥미로운 것은 이러한 문제의 해결책으로서 '서양식 풍습의 도입' 심지어는 '제3국행'이 제안되고 있었다는 점이다. 어떤 논자는 "내선 결혼자가 정말로 일치하는 것은 서양식 습관을 채용했을 때이다. 양식을 먹고, 서양 음식을 감상하고, 아파트에서 베드 생활을 할 때 그들은 완전히 일치 조화한다"라고 쓰고 있다. 그런가 하면 또 다른 해결책으로 중국이나 만주, 몽고와 같은 '제3국'으로 나가 행복하게 사는 부부들의 사례가 소개되기도 했다. 요컨대, 내선일체를 통해 '완전한 일본인'을 만든다는 기획은 이렇게 스스로도 자기모순을 드러내고 있었던 것이다.

그러나, 내선 결혼을 희망하고 실천했던 조선인들의 내면을 하나의 논리로 일반화할 수는 없을 것이다. 다만 분명한 것은, 인간은 정치적 제도나 강제의 영향 속에 살지만 동시에 반드시 제도의 의도대로 되어가는 것은 아니라는 점이다. 의도한 것이든 아니든, 인간은 많은 경우 제도를 배신하거나 뒤집는다. 그것이 역사에 절망하면서도 동시에 역사의 진보를 믿을 수 있는 유일한 근거이다. '내선 결혼'은 지배자의 의도에 의해 추진되었지만, 실제로 그것이 진행되는 과정에서 당연히 수많은 문제들이 야기되었고, 그것은 때때로 지배의 기본 원칙들에 심각한 도전이 되기도 하였다. 이 예기치 않은 전복(顚覆)의 가능성들을 읽는 것—식민지의 삶과 문화에 대한 이해는 거기에서 시작해야 한다.

8. "왕복 엽서처럼 돌아온 그녀"
─ 한국 소설과 우편 제도

조선의 영선사(領選使) 김윤식(金允植, 1835~1922)이 전기와 전신, 전화의 원리를 배우고 실습할 목적으로 38명의 유학생을 이끌고 중국 천진(天津)의 기기국(機器局)에 파견된 것은 1881년 12월의 일이었다. 천진에 도착한 김윤식은 놀라운 물건을 목격하게 되는데, 그것은 천진에서 상해로 연결되는 중국 최초의 '전봇대'였다. 그의 일기인 『음청사(陰晴史)』는 처음으로 전봇대를 본 한 조선인의 감상을 다음과 같이 전한다.

이리하여 전선을 보았는데, 천진에서 시작해서 상해까지 4천여 리에 이른다. 수십 걸음마다 지렛대 같은 것을 하나씩 세우고 구리 밧줄을 두 가닥으로 걸고 길가에 서로 이었다. 행인이 그 아래로 지나다니는데, 함부로 망가뜨리지 못하니 그 위엄이 가히 볼만하다. (自此見電線 起於天津 達於上海四千餘里 數十步立 一桿 掛銅絲兩條 相續於路 行人由其下往來 無敢傷損 可見立規之 嚴也.)

이 유학생들 가운데 상운(尙澐)이라는 학생이 특히 재주가 뛰어났다. 1882년 3월 22일 그가 소정의 연수를 마치고 돌아가게 되었을 때, 중국 당국은 그로 하여금 스물한 점의 전기 기계들을 지니고 귀국하도록 허락했다. 조선 최초의 전기 기사라고 할 그가 들고 온 짐 속에는 두 개의 "덕률풍(德律風: Telephone)"이 들어 있었으니, '텔레폰'의 음을 빌리되 '덕을 펼치는 바람'이라고 멋지게 번역된 이 물건이 바로 조선에 들어온 최초의 전화기였다.[1]

전신, 전화를 비롯한 우편 체신 제도의 확립이 근대 국가 건설의 핵심적 요소임은 두말할 나위도 없다. 철도와 함께 체신 제도는 근대 국가의 시공간을 하나의 시공간으로 균질화하는 가장 긴요한 수단이었으며 그것은 조선의 경우에도 물론 예외가 아니었다. 1884년 10월 17일에 발생한 이른바 갑신정변이 '우정국(郵征局)'의 개국을 축하하는 피로연 자리에서 시작되었다는 사실, 또한 우정국 총판(總辦) 홍영식(洪永植, 1855~84)이 '삼일천하'로 끝난 이 정변의 주역이면서 동시에

---

1) 진기홍, 『한국체신사』(고려대 민족문화연구소, 1968) 참조.

한국 체신의 첫 장을 연 인물이라는 사실 등은 근대 국가의 건설과 우편 체신 제도와의 관계를 말해주는 하나의 상징이 아닐 수 없다.

그러나 갑신정변의 실패와 홍영식의 피살로 인해 막 시작된 한국의 근대 체신 사업은 오랫동안의 공백기를 거치게 되었다. 이런저런 우여곡절 끝에 마침내 서울과 인천에 우편국이 개설되고 정기적인 서울-인천 간의 근대적인 우편 업무가 개시된 것은 갑신정변으로부터 10년도 더 지난 1895년에 이르러서였다. 말을 타고, 혹은 사람이 직접 들고 뛰어서 전하는 방식의 통신이 아닌, 전기 설비에 의한 전보(電報) 업무 역시 1896년에 서울, 평양, 개성, 의주 등에 전보국이 개설됨으로써 본격적으로 시작되었다.

한편 한국에서 국제 우편이 가능하게 된 것은 '만국우편연합'에 대한 제국이 정식으로 가입하는 1900년 1월 1일 이후의 일이다. 그 이전에 한국에서의 국제 우편은 일본의 우편망을 이용해야만 했다. 『한국체신사』는 '만국우편연합'에 가입하기 위한 고종의 비준서를 미국으로 우송할 때 일본 우편망의 검열을 피하기 위해 주한 미국 공사의 외교관 행낭을 이용해야만 했던 비화(秘話)를 전한다[2] (물론 조선에서의 국제 우편은 이른바 한일합방 이후 다시 일본 제국의 우편 제도 안으로 흡수되었지만 말이다).

---

2) 같은 책, p. 532.

이렇듯 우편 제도의 성립이라는 관점에서 보면, 전봇대를 보고 놀람을 금치 못하던 김윤식의 기록이 있은 뒤로부터 20여 년, 한국에서의 근대적 우편 체신 제도가 시작되고 자리 잡는 과정은 봉건 조선 왕조가 근대 국가로 탈바꿈하는 과정과 그대로 겹친다. 다시 말해, 한국에서의 근대적 우편 체신의 역사는 19세기 말~20세기 초 조선을 둘러싼 일본, 미국, 러시아, 중국 등의 이권 다툼 및 국내 여러 정파들 간의 권력 투쟁 등, 국제-국내 정치 질서의 어지러운 흐름들을 한눈에 보여주는 하나의 역사적 단층인 것이다. 그렇다면 근대적 우편 체신 제도의 형성이라는 관점에서 한국 근대의 여러 모습들을 깊숙이 들여다볼 수도 있지 않을까? 그리고 한국 소설을 그런 관점에서 읽어볼 수 있지 않을까?

　1906년에 쓰여진 이인직의 신소설 『혈의 무』는 국제 우편이 가능하게 된 구한말 사회의 한 풍경을 다음과 같이 인상적으로 그려낸다.

　'우'자 쓴 벙거지 쓰고 감장 홀태바지 저고리 입고 가죽 주머니 메고 문밖에 와서 안중문을 기웃기웃하며 '편지 받아 들여가오, 편지 받아 들여가오' 두세 번 소리하는 것은 우편 군사라.

　옥련의 편지가 "한국 평안남도 평양부 북문내 김관일 실내 친전(親展)"으로 그 어머니에게 도착하는 장면의 묘사이다. 이 편지는 옥련이가 "미국 화성돈 ○○○ 호텔"에서 "광무 6년 (1902) 칠월 십일일"에 부친 것인데 "부인이 그 편지 바더보던 날은" "팔월 십오일"이니 한 달 남짓 걸린 셈이다.

위의 장면에서의 "우편 군사"의 거동을 주의해보자. 그가 쓴 벙거지에는 '우(郵)'라는 글자가 새겨져 있다. 실제로 그 모습이 어떤 것이었을지 지금의 우리로서는 알 수 없다. 아무튼 우자(字)가 새겨진 벙거지를 쓰고, 검은 홀태바지와 저고리를 입고, 아마도 우편 행낭일 '가죽 주머니'를 멘 이 '우편 군사'는 여자들만 살고 있는 집의 '안중문'까지 거침없이 밀고 들어와서 '편지 받으라'는 소리를 친다. 새로운 제도의 착륙이 오래된 풍속의 딱딱한 지면(地面)과 부딪치며 일으키는 날카로운 마찰음은 다음과 같은 묘사를 낳는다.

"웬 사람이 남의 집 안마당을 함부로 들여다보아? 이 댁에는 사랑양반도 아니 계신 댁인데, 웬 젊은 녀석이 양반의 댁 안마당을 들여다보아?"

(우편 군사) "여보, 누구더러 '이 녀석 저 녀석 하오. 체전부는 그리 만만한 줄로 아오. 어디 말 좀 하여봅시다. 이리 좀 나오시오. 나는 편지 전하러 온 것 외에는 아무것도 잘못한 것 없소."

여자들만 있는 양반집 안마당을 기웃거리는 '젊은 녀석'을 꾸짖는 풍속의 힘이 '체전부가 그리 만만한 줄 아느냐'는, 벙거지

8. "왕복 엽서처럼 돌아온 그녀" 107

쓰고 가죽 주머니 멘 '우편 군사'의 당당함 앞에서 여지없이 주눅 드는 모습을 이 장면은 흥미롭게 묘사하고 있다. 이 '우편 군사'의 당당함이 '미국 화성돈'으로부터 오는 '서방님의 소식'을 애타게 기다리는 옥련 어머니의 일상, 즉 태평양 건너 미국과의 국제 우편이 가능하게 된 새로운 현실을 배경으로 하고 있는 것임은 더 말할 것도 없다.

이렇듯 '평양성 북문 안의 게딱지같이 낮은 집'에서 미국 워싱턴으로부터의 국제 우편을 받아보는 조선의 한 여인을 그리는 1906년의 『혈의 루』 같은 소설이 있는가 하면, 1942년에 한설야가 일본어로 쓴 『피(血)』라는 소설에서의 다음과 같은 묘사는, 일찍이 영선사 김윤식이 보고 놀람을 금치 못했던 '전선'이 여전히 어떤 서민적 일상 속에서는 불가사의한 그 무엇이기도 했던 것임을 보여준다.

내가 아직 철 없었던 시절, 어머니는 내 손을 잡고 지나가며 이 전선이 처음으로 생겼을 때 시골에 사는 아버지가 경성에 유학하고 있는 아들에게 구두를 보내려고 전선에 매달자 바로 경성에 있는 아들에게 도착하여 다음 날 보니 전선에는 낡은 구두가 매달려 있었다는 얼토당토않은 이야기를 해주었다. 죽을 때까지 그 이야기를 진짜로 알고 있던 어머니는 내가 경성에 가 있던 5년 동안 수도 없이 전선을 바라보며 경성에 있는 아들 물건이 전선에 매달려 있지나 않을까 하고 기다렸을 것이다.[3]

'덕률풍(德律風)'의 경우는 어떠한가? 공식 기록에 따르면, 덕수궁에 교환대를 둔 궁내부(宮內府) 전화가 가설되어 궁중과 정부의 각 부처 그리고 인천 감리서(監理署) 사이의 통화가 이루어진 것은 1898년의 일이다. 고종 임금이 김구(金九)의 사형 집행을 연기하라는 명령을 전화를 통해 인천 감옥으로 내려보낸 것이 한국 최초의 전화 통화라고 흔히 말하는데, 그것은 백범 자신의 회고에 의한 것일 뿐 다른 전거가 있는 것은 아니다. 또는 순종 임금이 고종의 능에 직접 가지 않고 전화를 통해 곡(哭)을 했다는 것도 인구에 회자되는 이야기이다. 사실 여부야 어쨌든 '덕률풍'이라는 이름과 썩 잘 어울리는 이야기가 아닐 수 없다.

관용(官用)이 아닌 일반 전화가 처음으로 보급된 것은 1902년 서울-인천 간의 통화 업무가 개시됨으로써이다. 서울-인천 사이의 5분간 통화 요금이 50전(錢)이었던 전화는 1년 후인 1903년에 이르면 개성, 평양, 마포, 수원, 시흥 등 총 아홉 곳에 교환소가 설치된다. 그러나 물론 가입자는 극히 적어서 수원, 시흥과 같이 가입자가 단 한 명인 곳도 있었고 그나마도 외국 상인들이 주 가입자였다.[4]

이때로부터 20년 남짓한 세월이 지나면 전화는 어떻게 되었

---

3) 김미란 외 편역, 『식민주의와 비협력의 저항』, 도서출판 역락, 2003, p. 171.
4) 앞의 책, p. 526.

을까? 염상섭의 소설 「전화」(1925)가 그것을 잘 보여준다. 소설은 '이주사'의 집에서 이주사의 부인이 받는 한 통의 전화로부터 시작된다. 이틀 전에 전화를 가설하고 "전화가 왜 한 번두 안 오누?" 하며 "걱정을 하다시피 은근히 전화가 오기를" 기다리던 이주사의 집에 처음으로 걸려온 것은 이주사를 찾는 기생 '채홍이'의 전화이다. 남편을 찾는 기생의 전화를 받고 심사가 고울 리 없건만, 전화라는 신기한 물건의 위력은 이 부인의 강짜를 누그러뜨릴 만큼 크다.

"기껏 그 애를 쓰고 전화를 매어노니까 온다는 전화가 그따위……"
하며 화를 내어보았으나, 그래도 받고 싶은 전화를 받은 것이 난생처음 해보는 전화처럼 신기한지 생긋하는 웃음이 상큼한 콧마루 위로 지나갔다.

소설은 "전당을 잡히고 동서대취(東西貸取)를 하고 하여 가설료 삼백 원을 간신히 치르고" 가설한 전화를 둘러싸고 벌어지는 한바탕의 소극(笑劇)을 그린다. 조금 과장해서 말하면, 전화라는 물건은 이 소설의 등장인물 사이의 관계를 결정하고 감정을 조정하고 갈등을 해결하는 일종의 기계신 Deux ex Machina 같은 것이기도 하다. 모처럼 남편과의 오붓한 시간을 즐기려는 참에 '김주사'로부터 걸려온 전화를 받고 요릿집으로 나가버린 남편에 대한 원망으로 잔뜩 마음이 상한 부인에게 밤 늦게 남편으로부터 전화가 걸려온다.

> 부부가 전화로 이야기를 해본 일은 처음이라 목소리가 반갑기도 하여 혼자 전화통에 대고 부끄러운 듯이 웃음도 절로 나왔고 눈이 빠지게 기다리던 판이니 이런 때는 전화도 쓸모가 있다고 고맙게 생각하였지마는

"네모반듯한 나무 갑 위에 나란히 얹힌 백통(白銅) 빛 쇠종 두 개"는 부인에게 원망을 일으키는 대상이기도 하고, 그 원망이 해소되는 대상이기도 하다. 남편과 기생의 은밀한 연락 수단으로만 쓰이는 전화는 "그 빌어먹을 전화지 난장 맞은 것인지 그 원수의 것이 없으면 행세가 껙인담! 입에 밥이 안 들어가던가? 저까진 나무통하구 쇠방울 두 개가 무엇으루 삼백 원 탬이 되더람?" 하는 푸념을 불러일으키는 것이지만, 남편이 그 전화를 김주사에게 오백 원에 넘겼을 때는 뜻하지 않은 횡재의 수단이기도 하다. 더구나 김주사가 전화를 매매하면서 중간에서 돈을 이백 원이나 떼어먹은 것이 들통 나고, 마침내 그 이백 원마저도 되찾아 결국 삼백 원에 산 전화를 사백 원이나 붙여 칠백 원에 팔게 되었을 때, 부인에게 전화는 더 이상 애물단지가 아니라 황금알을 낳는 거위와도 같은 것이다.

소설의 마지막 장면은 전화를 향해 "원수의 것"이라고 짜증을

내고 전화 때문에 '바가지를 긁던' 이주사 부인의 전화에 대한 감정이 어떻게 바뀌었는지를 이렇게 묘사한다.

"그럼 채홍이 집 김장은 김주사가 해줬구려? 흥, 그래?"
인제야 안심이 되었다는 듯이 아내는 샐쭉 웃다가,
"여보, 우리 어떻게 또 전화 하나 맬 수 없소?"
하고 옷도 채 못 벗고, 턱밑에 다가 앉아서 조르듯이 의논을 한다.
남편은 하 어이가 없어서 웃기만 하며 아내의 얼굴을 빤히 들여다본다.

1881년에 중국 천진에서 전화를 처음 본 영선사 김윤식이 "귀를 기울여 들어보니 대충 알아듣겠더라(側耳聽之 略可辨認)"고 했던 그것은 1920년대의 식민지 경성의 일상생활에 이렇게 등장하고 있었다.

앞에서 말했듯 근대 국가 건설의 가장 긴요한 요소는 철도와 전신, 전화, 우편 등과 같은 새로운 교통과 통신의 수단이다. 철도는 근대 국가의 모든 영토를 철로로 연결한다. 국토는 철로에 의해서 하나의 균일한 공간으로 재편성되고 재배치된다. 새로운 도시들이 기차 역(驛)을 중심으로 형성되고, 기차의 도착과 출발을 위한 동일한 시간이 설정된다. 이 모든 것들은 집중화된 권력, 즉 국가에 의해 수행된다. 요컨대, 기차는 국가를 실어 나른다.

우편 제도도 마찬가지이다. 우선 그것은 개인과 개인 사이의 소통, 즉 사신(私信)의 영역에 국가가 완벽하게 개입하였음을 뜻한다. 근대 우편 제도 이전의 개인 사이의 서간(書簡)에 공적 권력이 개입할 여지는 없었다. 그것은 대부분 사람과 사람 사이의 직접적인 전달을 통한 것이었고, 그런 의미에서 절대적으로 은밀한 것일 수 있었다.

근대적 우편 제도의 수립 이후 엄밀한 의미에서의 사신(私信)은 사라졌다. 신속함을 보장하고 분실의 염려를 제거하는 대신에 근대적 우편 제도는 개인과 개인 사이의 통신을 국가 권력이 중개하는 방식으로 바꾸었다. 모든 우편물은 국가만이 그 권리를 지니는 우표를 통해서만 전달될 수 있는데 그것은 1840년 영국에서 세계 최초의 우표가 발행되면서부터의 일이다.

우표는 우편물 전달에 대한 요금을 선납(先納)하는 것인데, 근대 국가는 이 권리를 독점함으로써 개인 사이의 사신을 비롯한 모든 우편물에 국가의 모습을 새길 수 있게 되었다. 예컨대 우표는 국가적 기념물이나 지도자, 국가적 상징들을 가시화함으로써 우표의 효력이 미치는 영역 내에서의 인구를 일체화한다. 국가는 모든 우편물의 중개자가 됨으로써 개인 사이의 소통에 이미 국가가 깊숙이 개입해 있음을 선언한다. 철도가 국가를 실어 나르듯이 편지도 국가를 실어 나른다. 물론 기차를 타거나 편지를 주고받는 사람들이 그것을 전혀 의식하지 않는 형태로.

근대적 우편 제도는 동시에 근대적 글쓰기에도 절대적인 영향을 행사한다. 편지의 양식(樣式)이 그러하다. 그것은 일정한 규격의 봉투와 종이뿐만 아니라, 일정한 양식에 따른 편지 쓰기를 보편화한다. 받는 이, 보내는 이의 이름, 날짜 등등을 어디에 어떻게 쓰는가 하는 것으로부터, 인사말의 종류, 격식이나 호칭 등등, 까다롭기 이를 데 없는 편지 쓰기의 양식은 학교 교육에서 『편지 쓰는 법』 같은 대중용 서적에 이르기까지 근대적 글쓰기를 규제하는 강력한 원천이 된다. 일정 규격의 봉투나 종이가 체신 업무의 효율을 위한 것이라면, 일정한 형태의 편지 쓰기 양식은 새로운 내면을 창안하고 규율하는 권위 있는 모델로 작용한다. 물론 그 뒤에 서 있는 것은 다름 아닌 국가이다.

이상(李箱, 1910~37)의 소설 「봉별기(逢別記)」(1936)는, 그의 다른 소설들도 다 그렇듯이, 이십 대의 나이에 세상과 인간의 끝을 보아버린 한 청년의 참담한 내면의 기록이다. 이상은 어느 글에선가 "자살할 수도 없는 절망"이라고 말한 적이 있는데, 이 놀라운 표현은 절망이 무엇인지를 깨달은 자에게서만 나올 수 있는 말이다. 사람은 절망 때문에 자살하는 것이 아니라 희망 때문에 자살한다는 것은 가라타니 고진(柄谷行人)의 말인데, 사실 그러하다. 자살하는 자는 자살만이 희망이기 때문에 자살하는 것이다. 죽어도 희망이 없다는 것을 알면 "자살할 수도 없는 절망"에 이른다. 이상의 소설은 주로 그런 상태에서 나왔다.

「봉별기」는 위악(僞惡)과 자학으로 범벅된 소설이지만, 그러면 그럴수록 그 이면에서 드러나는 것은 살고 싶은 욕망과 속임 없는 인간관계에 대한 간절한 희망이다. 몇 번씩이나 그를 버리고 떠난 '금홍이'가 "하루 길일(吉日)을 복(卜)하여 왕복 엽서처럼 돌아왔다"고 그는 이 소설에 적었다. 이 참신한 표현은 물론 국가 권력 따위를 의식하고 쓴 것은 아닐 것이다.

그러나 이상만큼 편지 양식을 자주 이용한 작가도 흔치 않다. 가령 그의 최후의 걸작 「종생기(終生記)」(1937) 같은 소설은 '정희'라는 여자와 오고 간 '속달 편지'로 이야기가 진행되는 작품이다. 이 소설은 "一千九百三十七年 丁丑 三月三日 未時"라고 자신의 죽은 시간을 미리 못 박고 쓴 "묘지명(墓誌銘)"이다(그가 실제로 죽은 시간은 1937년 4월 17일이다). 이 소설의 마지막 문장은 다음과 같다.

　

　一滿二十六歲와 三十個月을 맞이하는 李箱先生님이여! 허수아비여!

　자네는 老翁일세. 무릎이 귀를 넘는 骸骨일세. 아니, 아니. 자네는 자네의 먼 祖上일세. 以上

　　　　　　　　　　　　　　　十一月二十日 東京서

이 마지막 문장의 날짜는 물론 작품을 탈고한 시간을 명기하는 일반적 관습을 따른 것으로 보는 것이 무난하겠지만, 또 한편으로 이 작품이 유서 형식을 띠고 있다는 것을 감안하면 편지 양식의 관습으로 읽어도 무리가 없을 것이다. 그렇다면 이것은 누가 누구에게 보낸 편지일까? 한국 소설에서 흔치 않게 개인의 내면을 끝까지 드러내는 소설을 쓴 이상이 편지 형식의 글쓰기를 선호했던 것에는 어떤 의미가 있을까? 이 근대적 글쓰기 제도와 소설과의 관련을 이상은 의식하고 있었던 것일까? 더 나아가 국가와의 관계는? 이런저런 의문들이 꼬리를 물지만 여기서는 이 정도로 줄일 수밖에 없다.

9. "커피차, 부란데, 연애 사탕, 그리고 난찌"
——'먹거리'와 식민지 모더니티

　조선 프롤레타리아 예술동맹(KAPF)의 핵심적 이론가이며 작가인 김남천(金南天, 1911~47)의 「T일보사」(1939)라는 소설은 식민지 모더니티에 관한 하나의 충실한 사생(寫生)이다. 출세욕에 불타는 젊은 주인공 김광세는 자신의 유산을 털어 고가품을 구입한다. "종로로부터 남대문통을 거쳐 우편국 앞에서 진고개로" 움직이면서 그는 "에나멜 구두"를 사고, 양복점에 가서 "턱시도를 한 벌 맞추고, 떠불 뿌레스트를 주문"하고, "낙타 외투"를 맞추고, 백화점으로 들어가서 내의, 와이셔츠, 넥타이, 흰 손수건, 까만 가죽 장갑, 서류 가방, 화려한 양말, 단장을 산다. 다시 시계점에 가서 "백금 껍질의 '론징'을 하나" 사고, 금은방에 들어가서 "백금 인장지환(印章指環)"을 맞추고, 모자점에 가서 "볼사리노"를 사고, "황금으로 만든 카우스

단추를 사고, 녹색 비취의 넥타이핀을 사고, 향수와 화장 도구를 사고 두 개의 만년필"을 산 뒤 찻집에 들어가 커피를 마신다. 그러고는 "명치정으로 내려와 작은 요리집에 들어가 뎀뿌라"를 먹는다.

중일 전쟁의 급박한 전황이 실시간으로 전해지는 식민지의 수도에서 소비되는 '낙타 외투' '론징 시계' '볼사리노 모자' 등등의 명품 목록들. 이 기묘한 부조화야말로 전향한 좌파 작가 김남천이 즐겨 작품의 주제로 삼았던 것이었다. 비틀리고 뒤엉킨 식민지 근대의 모습과 그 안에서의 지식인의 방황을 묘사하는 데에 김남천만큼 정면으로 고투한 작가는 흔치 않다. 그리하여 기억할 만한 그의 수작들은 카프 시절의 선전 문학보다는 전향 이후의 분열과 고민을 그리는 작품, 예컨대 「맥(麥)」 「경영」, 『낭비』 같은 전향 소설들에서 나왔다.

그중에서도 장편소설 『낭비』(1940)는 식민지의 일상에 깊이 침투한 서양식 생활 모드에 대한 풍부한 풍속사적 보고서이다. 명사십리의 원산 송도 해수욕장에 지어진 최고급 별장에서 벌어지는 지식인 청춘 남녀들의 이야기를 담은 이 소설은 풍속의 묘사를 본격 소설의 중요한 영역으로 간주했던 작가의 작품답게 당대의 일상생활에 대해 어떤 사회학적 조사보다도 흥미로운 장면들을 담아내고 있다.

이 소설에는 경성 제국대학 출신의 이관형과 그의 누이동생인 동경 음악학교 유학생 이관덕, 그리고 역시 동경 유학생인 남동생 이관국, 그리고 이관덕의 친구이면서 이관국을 사모하는 이화여전 학생 김연, 이 네 청년들의 새로운 습속의 모습이 반영되어 있다. 가령 다음과 같은 장면은 태평양 전쟁의 전운이 임박한 당대의 현실에 대한 우리의 일반적 상상을 크게 벗어난다. 약혼자에게 편지를 쓴 이관덕은 편지를 "이중 봉투에다 넣어서 춤을 바르고 양서로 에스 자를 써서 봉한 뒤" "홈 드레스로 갈아입"는데, 마침 수영을 마치고 돌아온 이관형은 "시롭뿌던가 그거 한잔 만들어"달라는 부탁을 하고 자기 방에 돌아가 "등으로 만든 긴 의자에 몸을 눕"힌다. 오빠의 부탁을 받은 관덕은 "유리잔에 푸른 과일즙을 타서" 들고 들어온다.

바다에서 수영을 한 후 별장으로 돌아와 "등으로 만든 긴 의자에 몸을 눕힌 채" '시롭뿌(syrup)'를 마시는 경성제대 출신의 주인공 이관형은 김남천의 또 다른 소설 「맥」에도 등장하는데, 그는 이 소설에서 식민지 모더니티에 관한 매우 인상적인 발언을 남긴다.

> 우리들은 이층에서는 양식을 잡숫고 아래층에 와서는 깍두기를 집어먹는 그런 사람들이오, 또 그 정도로 아주 될 대로 되어 버려서 모두 권태와 피로를 경험하고 있단 말이오.[1]

---

1) 이상 김남천과 『낭비』에 관한 서술은 김철, 「근대의 초극, 『낭비』, 그리고 베네치아」, 『민족문학사 연구』 18호, 2001 참조.

한국의 모더니티는 이관형의 이 말대로 "이층에서는 양식을 잡숫고 아래층에 와서는 깍두기를 집어먹는" 그런 것이었을까? '양식' '깍두기' 등과 같은 '먹거리'를 매개로 한 이 비유의 적실성은 과연 어느 정도일까? ('먹거리'라는 단어는 문법적으로는 맞지 않는 것이지만 이미 우리의 일상생활에서 돌이킬 수 없이 굳어진 단어가 되어버렸다. 혹시 식민지 모더니티의 운명 역시 이 단어의 형성 과정과 유사한 것은 아니었을까? 그렇다면 '먹거리'를 통해서 식민지 모더니티를 재구성해보는 것은 어떨까?)

흥미로운 사례가 많이 있다. 먼저 이광수의 『무정』을 보자. 경성학교의 영어 교사 이형식이 정신여학교 졸업생 김선형에게 영어 과외를 하기 위해 유월의 뜨거운 햇볕이 내려 쪼이는 안국동 네거리에서 김장로의 집으로 나아가는 장면의 묘사로부터 소설은 시작된다. 흥분과 기대로 설레는 가슴을 안고 걸어가는 이형식 앞에 대팻밥 모자를 눌러쓴 한량 신우선이 나타난다.

"대관절 어디로 가는 길인가. 급지 않거든 점심이나 하세그려."
"점심은 먹었는걸."
"그러면 맥주나 한잔 먹지."
"내가 술을 먹는가."
"그만두게. 사나이가 맥주 한잔도 못 먹으면 어떡한단 말인

가. 자, 잡말 말고 가세" 하고 손을 끌고 안동 파출소 앞 청국 요 릿집으로 들어간다.

소설의 배경이 되는 시간은 1916년이다. 요컨대 이 장면은 1913년에 『혈의 루』(1906)의 속편(續篇) 격으로 씌어진 이인직의 『모란봉』에서의 다음 장면과 정확히 대응된다.

> 옥련이가 침대(寢臺)에 내려서 구씨를 인도하여 테블 앞 교의(椅子)에 앉게 하고, 옥련이는 그 맞은편 교의에 걸터앉으며 손으로 초인종(招人鐘)을 꼭 눌러서 뽀이를 부르더니 커피차와 부란데와 과자를 갖추어 놓는다.

'커피차'와 '부란데brandy'를 마시는 옥련과 구완서가 미국에서 돌아온 주인공들임을 우리는 안다. 한편 19세기 말에는 일본의 삿포로 맥주가 조선에서 판매되고 1900년경에는 에비스 맥주, 아사히 맥주, 기린 맥주 등이 대중적으로 소비되고 있었다는 기록에 따르면, 1916년 식민지 수도의 한복판에서 당대 최첨단의 지식 청년 이형식과 신우선이 만나자마자 맥주를 마시러 청요릿집으로 들어가는 장면은 지극히 자연스러운 것이다. 물론 이형식은 맥주를 마시지 않았다. 신우선의 권유를 뿌리치고 그는 김장로의 집으로 가는데 그 집의 묘사가 또한 걸작이다. 양반이요 재산가인 김장로의 집 앞에서 이형식은 "이리 오너라"라는 자못 고색창연한 방식으로 자신의 내방(來訪)을 알리는데, "중문을 지나" 당도한 "안대청"은 "반양식으로 유리문도 하여 달고 가운데는 무늬 있는 책상보 덮은 테이블과 네다섯 개 홍모전 교의"가 놓여 있는 '신구 혼합'의 장소다. 거기에서 그는 "은으로 만든 서양 숟가락"과 함께 "복숭아화채"를 대접 받는다.

새로 당도한 서양의 문물과 구래(舊來)의 전통이 충돌하는 현장이야말로 『무정』을 읽는 또 다른 재미일 것인데, 과연 첫 장면부터 제시되는 이러한 '신구'의 어지러운 뒤섞임은 이 소설의 전편에 걸쳐 계속된다. 대동강 물에 몸을 던지러 경성을 떠난 영채는 평양으로 가는 기차 안에서 병욱을 만남으로써 새로운 인생을 맞는다. 이 새로운 인생이 영채가 처음 보는 새로운 '먹거리'와 함께 시작된다는 것은 그런 점에서 매우 의미심장하다.

"자, 이것 좀 잡수셔요" 하고 그 지갑의 뚜께를 연다. 영채는 그것이 무엇인지를 몰랐다. 구멍이 숭숭한 떡 두 조각 사이에 엷은 날고기를 끼인 것이다. 〔……〕 영채도 한 개를 집어서 그 부인이 먹는 모양으로 먹었다. 처음에는 어떻게 먹는 것인지 몰랐었다.

요컨대 영채가 신여성으로 거듭나는 것은 "숭숭한 떡 두 조각 사이에 엷은 날고기를 끼인" 그것이 '샌드위치'임을 알게 되는 것에 다름 아닐지도 모른다. 커피, 샌드위치 등의 서양 '먹거리'가 일상의 감각들을 어떻게 규정하고 있었는가 하는 사례들을 한국 소설들은 풍부하게 보여준다. 한국 프롤레타리아 문학의 최정점으로 평가되는 이기영(李箕永)의 『고향』에서의 다음과 같은 장면은 이 소설을 읽는 방식이 반드시 '노농 동맹의 문학적 형상화'라는 틀만으로 고정될 수는 없는 것임을 보여준다.

"읍내로 산보 가자."
"뭐 사줄 테야?"
"뭘 사주니?"
"연애 사탕!"
"호호호······ 연애 사탕이 뭐냐?"
"쪼코렛트도 몰라?"
[······]
"그러나 시굴 놈들이 쪼코렛트를 먹을 줄 알까? 없으면 어짜구?"

'쪼코렛트'라는 사소한 기호 하나가 이렇듯 '서울/시골'의 경계를 함축하고 있는 것이다. 그리고 그 경계가 실은 '서양(일본)/조선'이라는 경계의 정확한 복사판임은 말할 것도 없다. 동시에 시골 읍내까지 장악한 이 달콤한 서양 '먹거리'의 위력은 열다섯 살의 동기(童妓)를 데리고 혼마치(本町) 나들이에 나선 『태평천하』(1938, 채만식)의 윤직원 영감의 다음 대사와 겹쳐 읽을 때 더욱 생생해진다.

"난찌? 난찌란 건 또 무어다냐."
"난찌라구, 서양 즘심 말이예요."
"서양 즘심?"
"내에, 퍽 맛이 있어요!"
"아서라! 그놈의 서양밥, 말두 내지 마라!"
"왜요?"
"내가 그년의 것이 좋다구 히여서, 그놈의 디 무어라더냐 허넌 디를 가서, 한번 사먹다가 돈만 내버리구 죽을 뻔히였다!"

서양 '먹거리'나 기호품(嗜好品)이 안겨주는 새로운 감각에 온몸을 내맡기고 그것의 표현에 서슴없었던 작가로는 이효석(李孝石)만 한 사람이 없다. 커피나 양과자, 온갖 서양 물건들에 대한 그의 집착은 널리 알려져 있는데 다음 구절은 그중의 하나이다.

경성에서 나남까지는 약 십 리의 거리였으나 나는 나남을 문앞같이 자주 다니게 되었다. 경성의 마을을 사랑하는 한편 나남의 거리도 마음에 든 까닭이었다. 기차로도 다니고 뻐스로도 달리고 때로는 고개를 걸어 넘기도 하였다. 그곳에 간 지 달포도 못 되어 나는 거리의 생활의 지도를 역력히 머리 속에 넣어버렸다. 빵은 카네코가 제일이요 책사는 북광관이 수수하고 찻거리는 팔진옥에 구비되었고 코오피는 '동'의 것이 진짬이라는 것을 행하게 익혀버렸다. 빵 한 근을 사러 십 리 길을 타박거릴 때도 있고 코오피 한잔 먹으러 뻐스에 흔들린 때도 있었다. (이효석, 「고요한 '동'의 밤」)

"코오피 한잔 먹으러 뻐스에 흔들"리며 먼 길을 가는 이효석의 이 호사 취미를 비난하는 것은 어쩌면 식민지의 문화적 절망을 겪어보지 않은 후세의 안이한 시선의 소산일지도 모른다. 예컨대 그것은 "ADVENTURE IN MANHATTAN에서 진―아―더―가 커피 한잔 맛있게 먹더리. 크림을 타 먹으면 소설가 구보씨가 그랬다― 쥐 오줌내가 난다고. 그러나 나는 조―엘 마크리― 만큼은 맛있게 먹을 수 있었으니"[2]라고 한 이상(李箱)의 절망과도 유사한 것일지 모른다.

그러나 모더니티란 물론 서양 '먹거리'에 대한 개방만으로 이루어지는 것은 아니다. 그것은 동시에 '자기,' 즉 '민족'을 발견하는 것이다. 이 글의 주제와 관련하여 말한다면 그것은 서양 '먹거리'의 감각을 통해서 민족의 '먹거리'를 발견해내는 것이다. '먹거리'를 '민족 문화'의 상상으로 연결시킨 가장 전형적인

---

2) 이상, 「실화」. Adventure in Manhattan은 진 아서 Jean Arthur와 조엘 맥크리 Joel McCrea 주연의 1936년도 할리우드 영화.

소설적 사례는 이광수의 장편소설 『흙』(1932)의 다음 장면, "익선동 꼬불꼬불한 뒷골목에 있는 조그마한 초가집"인 '한선생'의 "삼간 마루방"에서 눈 오는 어느 날 밤에 열린 "만찬회"의 장면일 것이다. '곰국' '갈비' '구운 염통' '뱅어저냐'로 차려진 식사가 '미국 박사'에 의해 '조선 디너'로 발화되는 것과 함께, 음식과 민족을 연결하는 '민족 문화'의 상상력이 발동된다.

"오래간만에 조선 디너를 먹습니다."
하고 미국으로부터 십여 년 만에 돌아온 이건영은 극히 감격한 모양으로 감사하는 인사를 하였다.
[……]
"갈비는 조선 음식의 특색이지요."
하고 어떤 학생이,
"갈비를 구워서 뜯는 기운이 조선 사람에게 남은 유일한 기운이라고 누가 그러더군요."
"응 그런 말이 있지."
하고 한선생이 갈비 뜯던 손을 쉬며,
"영국 사람은 피 흐르는 비프스테이크 먹는 기운으로 산다고."
하고 웃는다.
"딴은 음식에도 각각 국민성이 드러나는 모양이지요."
하고 또 한 학생이,
"일본 요리의 대표는 사시미(어회)이지요. 청요리의 대표는

만두, 양요리의 대표는 암만해도 로스트 치킨(닭고기 구운 것) 이지요."

"여기는 토스티드 하트(염통 구운 것)가 있습니다. 하하."

음식과 민족을 연결하고 나아가 민족의 흥망성쇠를 진단하는 ("갈비를 뜯는 기운이 조선 사람에게 남은 유일한 기운") 이 상상 혹은 표상의 구조가 의미하는 바는 심오하다. 요컨대 그것은 '사시미' '만두' '로스트 치킨'으로 표상되는 '각각의 국민성'에 '토스티드 하트'를 내밂으로써 '민족'을 구성하고 '만국 공법'의 세계 질서에 참여하고자 하는 욕구의 표현인 것이다. 다시 말해, 민족을 대표하는 '문화'(이 자리에서는 '염통 구운 것')는 '토스티드 하트'로 발화됨으로써 비로소 '사시미' '로스트 치킨' 등과 어깨를 나란히 하는 것이다. 물론 그것은 '곰국' '갈비' '뱅어저냐' 등으로 차려진 '만찬'이 "조선 디너"로 발화되는 것, 그리고 "김치는 음식 중에 내셔널 스피릿(민족 정신)"이라는 대사가 암시하듯, 결코 '서양'의 틀을 벗어날 수 없는 것이었지만 말이다.[3]

개인의 감각 속에 깊이 새겨진 음식의 세목들을 불러냄으로써 공동체의 역사와 기억을 환기시키는 것이야말로 문학 예술

---

3) 이 점에 관한 보다 상세한 설명은 필자의 다른 글 「'결여'로서의 국문학」(『사이/間/SAI』 창간호, 국제한국문학문화학회, 2006) 참조.

이 감당하는 중요한 몫일 것이다. 그리고 그것이 바로 문학의 모더니티일 것이다. 그 점에서 시인 백석(白石)을 상기하는 것은 자연스럽다. 그의 시가 풍요로운 가족 공동체의 따뜻한 기억을 다양한 '먹거리'를 불러냄으로써 되살리고 있다는 것은 널리 알려진 일이다. 가령 그의 대표 시 중 하나인 「여우난골족」(1936)에서의 다음과 같은 구절을 보자.

먼섬에 반디젓 담그려 가기를 좋아하는 삼춘 삼춘엄매 사춘누이 사춘동생들이 그득히들 할머니 할아버지가 있는 안간에들 모여서 방안에서는 새옷의 내음새가 나고
또 인절미 송구떡 콩가루차떡의 내음새도 나고 끼때의 두부와 콩나물과 볶은 잔디와 고사리와 도야지 비계는 모두 선득선득하니 찬 것들이다

반디젓(밴댕이젓), 인절미, 송구떡(송기떡), 콩가루차떡, 두부, 콩나물, 볶은 잔디(잔대: 초롱꽃과의 다년초), 고사리, 도야지 비계 등, '선득선득하니 찬 것들'의 목록이 환기하는 세계는 따뜻하고 풍요로운데, 이 따뜻함은 동시에 김유정(金裕貞, 1908~37)의 「떡」(1935)이라는 단편에서의 다음과 같은 비참함과 짝을 이루고 있는 것일지도 모른다.

옥이는 황급히 얼른 잡아채었다. 이밥, 이밥. 그 분량은 어른

이 한 때 먹어도 양은 좋이 차리라. 〔……〕 찬장 앞으로 가더니 손뼉만 한 시루팥떡이 나온다. 받아 들고는 또 널름 집어치웠다. 〔……〕 아마 음식은 목구멍까지 꽉 찼으리라. 여기에 이상한 것이 하나 있다. 역시 떡이 나오는데 본즉 이것은 팥떡이 아니라 밤 대추가 여기저기 삐져 나온 백설기. 한번 덥썩 물어 떼이면 입 안에서 그대로 스르르 녹을 듯싶다. 〔……〕 물론 용감히 먹기 시작했다. 처음에는 빨리 먹었다. 중간에는 천천히 먹었다. 그러다 이내 다 먹지 못하고 반쯤 남겨서는 작은아씨에게 도로 내주고 모로 고개를 돌렸다. 옥이가 그 배에다 백설기를 먹은 것도 기적이려니와 또한 먹다 내놓은 이것이 기적이라 안 할 수 없다. 〔……〕 하여간 너 이것은? 하고 주악이 나왔을 때 옥이는 조금도 서슴지 않고 받았다. 그리고 한 놈을 손끝으로 집어서 그 꿀을 쪽쪽 빨더니 입속에 집어넣었다. 그 꿀을 한참 오기오기 씹다가 꿀떡 삼켜본다. 가슴만 뜨끔할 뿐 즉시 떡은 도로 넘어온다. 다시 씹는다. 어깨와 머리를 앞으로 꾸부리어 용을 쓰며 또 한 번 꿀떡 삼켜본다. 이것은 도시 사람의 일로는 생각되지 않는다. 허나 주의할 것은 일상 곯아만 온 굶주린 창자의 착각이다.

'코오피'와 '부란데'와 '쪼코레트'와 '난찌'와 '샌드위치,' 그 한편에서 굶주림에 지친 옥이가 '이밥'에 눈이 뒤집히고, '시루팥떡'을 집어삼키고, '백설기'를 넘기고, '주악'[4]을 먹고는 마침내 탈이 나서 죽고 마는 비참함, 이 현실이야말로 비틀리고 뒤엉킨 식민지 모더니티의 정확한 음화(陰畵)일 것이다. 아니 그것은 모든 모더니티의 정직한 얼굴일지도 모른다.

---

4) 찹쌀가루에 대추를 이겨 끓는 물에 반죽하고, 설탕에 버무린 팥소 따위를 넣어 송편처럼 빚어서 기름에 지져 꿀에 재운 떡.

10. "the agitators are 辱ing me"
── '한국어'의 탄생

4th. Saturday. 寒

At 10 a.m. called on Governor. He received me very kindly and said 迷惑デアッタラウ. Then he told me that he hoped that I would exert myself to the establishment of good understanding between the Koreans and foreigners on one side and the Japanese on the other. 歸路訪見山縣五十雄.

9th. Thursday. 風雪

午後母主感患委席. 四時後村上唯吉來訪하였기로 「富ノ道シルベ」를 純專翻譯하여 주기로 承諾하다. Received a letter from Helen.[1]

「애국가」의 작사자로 알려진 좌옹 윤치호(佐翁 尹致昊, 1865~1945)는 그의 나이 18세가 되던 1883년부터 1943년까지 무려 60년 동안 거의 하루도 빠짐없이 일기를 썼다. 이 방대한 분량의 일기는 그 자체로서 구한말과 식민지 기간의 중요한 역사적 사료이거니와, 여기서 우리의 흥미를 끄는 것은 말 그대로 그의 '에크리튀르(écriture: 글쓰기)'이다.

위의 인용문은 1916년 3월 4일과 9일의 일기 부분인데, 영어와 일본어, 한문, 한글 등이 뒤섞인 이 독특한 방식의 글쓰기는, 오늘날 '한국어 글쓰기'의 규범과 관행이 정착되기까지 얼마나 많은 실험이 행해져야 했던가를 말해주는 하나의 사례가 아닐 수 없다.

『윤치호 일기』는 순한문 문장으로 시작되었다. '임오(壬午) 11월 22일'의 첫 일기를 보자.

壬午 十一月二十二日(晴, 寒, 卽明治十六年正月初一日也, 月)
官省貧富貴賤無論, 皆堅國旗, 士女兒童, 無不新服花裝, 年始賀禮, 金銀靑紫滿路, 一層繁華, 而皆閉店遊步, 太平氣象.[2]

이 첫 일기는 일본의 수도 도쿄에서 씌어졌다. 도쿄 시내의

---

1) 국사편찬위원회 편, 『한국사료총서 제19, 윤치호 일기 7』, 1986, pp. 12~13.
2) 같은 책 1, p. 1.

새해 첫날 거리 풍경을 목격하고 그것을 기록하는 이 조선 귀족에게는 이미 두 개의 시간대(時間帶) 즉, '임오(1882) 11월 22일'과 '메이지(明治) 16년(1883) 1월 1일, 월요일'이 공존하고 있다. 그런 점에서 이 일기는 비록 순한문 문장으로 씌어지고 있으나 이미 그 출발에서부터 어떤 혼종성hybridity의 징후를 드러내고 있다.

윤치호에게는 제1언어였을 이러한 순한문 문장이 변화하는 것은 일기를 쓰기 시작한 지 4년이 지난 1887년 11월 11일의 일이다. 그는 갑자기 한문 문장을 버리고 순한글, 즉 '국문'으로 일기를 쓰기 시작한다. 그날의 일기는 다음과 같다.

> 십이일(청, 임오일, F.) 각식 일과 여전이 ᄒ다. 오후 수신회 민주회 여전ᄒ다. 이날노붓터 일긔를 국문으로 ᄒ다.[3]

이러한 순한글 문체의 일기는 2년 남짓 계속된다. 1889년 12월에 그는 돌연 영어로 일기를 쓰기 시작하는데, 그 이유는 다음과 같다.

> 십오(청, 초칠, Sa.) 오전 오시의 이러ᄂᄃ 오늘붓터 영어로 일긔ᄒ기 작중ᄒᄃ 그 연고는 첫지 아국 말로넌 당시 각식 일

---
3) 같은 책 1, p. 287.

을 다 세세히 스기 어렵고 둘즛넌 빅스를 세세이 스기 어려운 고로 미일 궐ᄒ년 일 만아 일긔가 불과 일수와 음청을 긔록홀 ᄯᅮᆫ이요 셋지ᄂ 영어로 일긔ᄒ면 별 필묵을 밧구지 안고 넷지ᄂ 영어럴 빅우기가 더 속ᄒᆫ 고로 이리 ᄒ노랃[4]

"모든 사람이 쉽게 익혀 날마다 쓰는 데 편하게 하고자 함"이라는 한글 창제의 취지와는 정면으로 어긋나는 이러한 토로는 윤치호 같은 조선 지식인에게는 '아국 말,' 즉 한글이 매우 쓰기 불편한 문자였다는 사실을 말해주고 있다. 다시 말해, 한문을 제1언어로 하는 조선 사대부 계급에게 한글은 자신의 내면을 드러내기에 적절하거나 풍부한 언어적 관행을 허용하지 않는 문자였던 것이다. 과연 윤치호는 그날의 영어 일기에서 다음과 같이 말하고 있다.

7th. (11th Moon. 15th.) Up at 5 a.m. My Diary has hitherto been kept in Corean. But its vocabulary is not as yet rich enough to express all what I want to say. Have therefore determined to keep the Diary in English.[5]

---

4) 앞의 책, p. 407.
5) 같은 글.

순한글 문체로 사 년 남짓 일기를 쓴 후에, "Corean"은 어휘가 풍부하지 않아서 말하고 싶은 것을 충분히 표현하기 어렵다는 결론에 도달하는 윤치호가 처한 언어적 환경은, 근대 국민국가의 수립 과정에서 이른바 '국어national language' 혹은 '공용어official language'가 어떻게 결정되고 만들어지는가에 대한 의미심장한 생각거리를 제공한다.

　한문, 한글, 영어, 일본어 등이 단순히 단어나 어휘가 아니라 통사 구조의 수준에서 뒤섞이고 혼재하는 (가장 극단적인 경우, 가령 "the agitators are 辱ing me"(1919. 3. 4) 같은 문장도 있다) 이런 형태의 글쓰기는 사실상 알고 보면 윤치호의 경우만은 아니었다. 이깃이 말해주는 것은 무엇인가? 『윤치호 일기』는 봉건 체제의 붕괴와 함께 한문의 언어적 지배력이 상실되면서 그 언어적 권력의 공백을 차지하기 위해 경합하는 다양한 언어들의 각축을 보여주는 하나의 사례이다. 이 각축에서 '한국어'는 어떻게 결정되고 '한국어 글쓰기'는 어떤 과정을 겪었는가?

　이 질문은 물론 이 짧은 글에서 간단히 논하기에는 너무나 복잡하고 방대한 주제를 포괄하고 있다. 그러나 적어도 위의 사례는 근대 한국어 역시, 다른 모든 근대 국민국가의 '국어'가 그렇듯이, 처음부터 어떤 자명한 실체를 전제하고 성립된 것이 아니었음을 증명하기에는 충분한 것이다. 다시 말해서, '한국어(조선어) = 한국의 국어' 혹은 '한글 = 한국의 문자'라는 등식은 자명하거나 당연하게 성립하는 것이 아니었다는 말이다. 한국어(조선어)가 한국이라는 근대 국가의 '국어'가 되는 것은 인위적이거나 심지어는 우연적인 것이며, 이른바 한글 문체가 한국의 지배적이고 공식적인 문자 체계로 정립되는 것 역시 그러하다는 사실을 19세기 후반 조선에서의 언어적 환경은 생생하게 보여주고 있다.

그리고 이러한 사정은 물론 조선의 경우에만 한정된 것이 아니었다. 그것은 근대 국민 국가의 성립 과정에서 나타나는 보편적인 현상이었다. 예컨대, 프랑스 혁명을 통해 수립된 프랑스 공화국의 경우, 혁명 이전에 이른바 '프랑스어'를 말할 수 있었던 '프랑스인'은 전체 인구의 20퍼센트도 되지 못했다. 특정 지역의 특정 부류의 사람들이 사용하던 언어를 '프랑스어'로 지정하고 그것을 프랑스의 '국어'로 규정하는 것은 '프랑스 공화국'의 성립과 궤를 같이하는 것이며, 그 결과 혁명 이후 50년 정도의 기간 동안 '프랑스어'의 사용자는 인구의 절대 다수를 차지하게 되었다.

일본에서도 사정은 마찬가지였다. 19세기 후반까지 '일본어'라고 지칭할 수 있는 언어는 존재하지 않았으며, 세계의 거의 모든 지역에서 그렇듯이, 일본 북부의 주민과 남부의 주민 역시 언어적으로 소통할 수 없었다. 그러므로, 메이지 유신을 통한 일본 근대 국가의 수립 이후에 일본의 국어를 무엇으로 할 것인가는 자명한 사항이 아니라 큰 논쟁거리였다. 메이지 정부의 초대 학무 대신이었던 모리 아리노리(森有禮, 1847~89)의 유명한 '영어 공용화론'은 이러한 배경 아래 제출된 것이었다.

고모리 요이치(小森陽一)에 따르면, 모리의 영어 공용화론은 실제의 언어 현실을 무시한 지극히 비현실적인 발상으로서 실현 가능성이 전무한 공론(空論)에 지나지 않는 것이었지만, 그럼에도 불구하고 그의 주장이 지닌 의미는 심대한 것이었다. 즉 그의 주장은 사람들이 으레 당연한 것으로 생각하는 '일본어 = 일본의 국어'라는 등식에 뭔가 균열을 초래한 것이었다. '일본의 국어'는 '일본어'가 아닐 수도 있다는 가능성, 다른 언어로도 일본의 국어나 공용어를 삼을 수 있다는 발상을 함으로써 모리는 '일본어 - 일본의 국어'라는 자명해 보이는 전제에 의문을 제기한 셈이었다.[6]

봉건 체제의 붕괴와 더불어 한문의 언어적 지배력이 상실되고 새로운 국민 국가의 건설을 향해 움직이고 있었던 19세기 후반 조선에서의 상황 또한 이와 다르지 않았다. 게다가 자력에 의한 국민 국가 건설에 실패하고 식민지로 전락함으로써 사정은 더욱 복잡한 것이 되고 말았다. 종래의 한문 문체와 국한문 혼용체, 한글 문체가 서로 각축을 벌이는 한편에서 새로운 권력으로 등장한 일본어와 문명개화의 이념을 등에 업은 영어

---

[6] 이 점에 관한 보다 자세한 논의는 小森陽一, 『日本語の近代』(岩波書店, 2000) 참조.

까지 가세한 마당에서 근대 '한국어(조선어)'가 어떠한 형태로 귀결될 것인지는 사실상 누구도 예측할 수 없는 것이었다.

그것은 예측할 수 없는 것이었지만, '한국어(조선어)'란 무엇이며 무엇이어야 하는가, 하는 자국어에 대한 자의식이 싹틈으로써 한국의 근대가 시작되었다는 것은 분명히 말할 수 있을 것이다. 그러면 식민지라는 매우 특수한 언어적 환경하에서 이 자의식은 어떻게 전개되고 실현되었는가? 식민지 시기의 한국 소설은 그 문제를 생각하는 데에 더할 수 없이 풍성한 자료의 창고이다.

이런 관점에서 보았을 때, 다양한 언어적 실험과 실천이 난무하는 식민지의 언어적 상황에서 이광수의 『무정』의 등장이 지니는 의미는 아무리 강조해도 지나침이 없다. 『무정』이 연재되기 시작하는 1917년 1월 1일자 매일신보의 지면은 이 소설이 그 내용에서뿐만 아니라 그 형식에서도 매우 유별난 것임을 우선 시각적으로 보여주고 있다. 전체 지면이 국한문체와 전통 한문체로 빽빽하게 뒤덮인 가운데 순한글체로 씌어진 소설 『무정』을 보고 있으면, 그것이 마치 울창한 한문의 숲 속에서 홀로 자신의 탄생을 선언하고 있는 듯한 느낌마저 일어난다.

물론 이미 1896년에 순한글로 발행되었던 독립신문의 존재를 상기한다면, 『무정』의 한글 문체가 그 자체로서 문제적인 것일 수는 없다. 문제는 그것이 '소설'이었다는 것이다. '소설 Novel'이라는 서양의 글쓰기 양식을 일본 유학을 통해 접한 이

래 그것을 필생의 업(業)으로 삼기로 작정한 이광수를 비롯한 한국 신문학 초창기의 작가들이 소설 쓰기를 순한글체로 연결시킨 것은 그렇게 간단한 것이 아니었다. 소설이라는 새로운 글쓰기를 시도하는 그들에게 순한글 문체는 새롭게 발견해야 할 그 무엇이었지 결코 미리 주어져 있는 것이 아니었던 것이다. 주어져 있는 것은 오히려 일본어였다. 이광수의 첫 소설이 「사랑인가(愛か)」라는 일본어 소설이었음은 그 사정을 잘 설명해준다.

그러므로 이광수가 『무정』을 쓰면서 그것을 순한글체로 적고 매일신보가 그것을 126회에 걸쳐 연재했다는 것은 하나의 '사건'이다. 이광수를 비롯한 신문학 초창기의 작가들이 소설은 반드시 순한글로 쓰고 그 대신에 다른 장르의 글, 예컨대 논설이나 비평 같은 장르의 글을 쓸 때에는 국한문체를 사용했다는 사실을 상기하면 이 사건의 의미는 더욱 심대하다. 그렇다면, "Corean은 내가 말하고 싶은 것을 표현할 만큼의 어휘가 충분하지 않다"고 하던 1889년의 윤치호로부터, 개인의 내면을 드러내는 소설이라는 양식을 순한글의 'Corean'으로 쓰는 1917년의 이광수 사이에는 어떤 사정이 개입되어 있는 것일까? 그리고 그것의 의미는 무엇일까?

사정이야 어찌 되었든 식민지 시기 한국 작가들에게 '조선어'로 글쓰기, 즉 순한글 문체로 소설 쓰기는 매우 빠르게 정착되었다. 다른 영역에서는 그렇지 않았어도, 소설에서만큼은 순한글 문체의 지배가 일찌감치 확립되었다. 그리하여 '순한글=한국어(조선어)=한국(조선)소설'의 등식은 소설 쓰기의 일천한 역사에 비추어 빠른 속도로 자리 잡았고 조금도 의심되지 않았다. 그 점에서 순한글체 소설 쓰기야말로 식민지 안에서의 가장 분명하고도 확실한 자율적 영역이었다고 할 수 있을 것이다.

1936년 8월 잡지 『삼천리』에는 「조선 문학의 정의, 이러케 규정하려 한다」라는 제목의 특집 기사가 실려 있다. '조선 문학은 조선 '글'로, 조선 '사람'이, 조선 사람에게 '읽히기' 위하여 쓴 것'이라는 조선 문학의 일반적인 정의에 대하여 이 기사는 당시의 대표적인 문인 12명의 견해를 묻고 있다. '조선 '글'로, 조선 '사람'이, 조선 사람에게 '읽히기' 위하여 쓴 것'이 조선 문학이라는 정의에 대해 특별히 이의를 제기하는 문인은 물론 없다. 1932년에 「아귀도(餓鬼道)」라는 일본어 소설로 일본 문단에 데뷔한 장혁주(張赫宙, 1905~97)도 단호히 자신의 작품은 조선 문학에 속하지 않는다고 대답하고 있다. 이렇듯 조선 사람이 조선어로 쓴 것만이 조선 문학이라는 정의는 한 치의 의심도 없이 자명한 것처럼 보인다.

그러나 그렇다면 왜 자명한 것을 새삼스럽게 묻고 있는 것일까? 그 자명성이 흔들리는 어떤 사정이 생겨났기 때문일 것이다. 그 사정은 무엇일까?

알다시피 1930년대 후반은 일본 제국주의의 식민지 통치가 이른바 내선일체 정책으로 전환하는 기간이다. 1938년 제3차 조선 교육령의 개정과 함께 식민지 조선에서는 이른바 '내선 공학(內鮮共學)'이 시행되고 '조선어'는 필수 과목에서 제외되었다. 한편 일상생활에서의 '국어(일본어)' 사용에 대한 강요는 1940년과 41년에 걸쳐 조선어로 간행되던 신문과 잡지들이 폐간되는 것과 함께 더욱 강화되었다. '조선어 글쓰기'는 심각한 위기에 처한다. 『삼천리』지의 특집 기사는 그러한 위기적 상황의 일단을 반영하고 있다. 자율적 영역으로서의 조선 문학은 그 존립의 근거를 위협받고 작가들은 일본어 글쓰기를 강요받는 상황이었다.

'조선 문학이란 무엇인가?'라는 자신의 정체성에 대한 심각한 질문은 이러한 위기적 상황으로부터 나왔다. 1930년대 후반 조선어 글쓰기의 위기적 상황에서 '조선어'와 '조선 문학'의 정체성에 대한 심각한 자의식이 생겨났다는 것은 하나의 역설이 아닐 수 없다. 요컨대, 의심의 여지없이 자명한 것으로 여겨지던 '조선어'와 '조선 문학'의 정체가 새삼스럽게 문제시되었던 것, 여기에 이 역설의 본질이 있다. 이 역설은 '조선어'와 '조선 문학'에 어떻게 작용하였는가? 여기서는 이 질문에 대한 간단한 응답으로 이 글을 마무리하고자 한다.

우선 '국어(일본어) 전용'의 논리가 강조되던 당시의 상황을 반드시 '한국어(조선어)'의 전면적 말살기로 이해할 필요는 없다는 점이다. 실제의 사정은 꼭 그렇지만은 않았던 것이다. 모든 조선인이 조선어를 버리고 완전히 일본어를 사용하게 되는 일이 실제로 가능할 것인가, 정말 그럴 필요가 있는가, 그렇게 되기에는 얼마나 시간이 걸릴 것인가, 조선 작가들이 조선어를 버리고 일본어로 작품을 쓸 것인가, 말 것인가. 심지어는 전쟁터에 나간 조선인 병사가 일본어를 이해하지 못하는 경우에 그에게 일본어 교육을 시키는 것이 낫겠는가, 아니면 조선어를 사용하는 부대를 따로 만드는 것이 낫겠는가 하는 논의에 이르기까지, 조선어를 둘러싼 유례없는 집중적 논의들이 이 시기에 벌어진다. 논의의 당사자들 역시 유례가 없을 정도이다. 총독부의 고위 관리, 특히 교육과 언어 정책을 관장하는 학무국장을 비롯해 많은 일본 작가들과 조선 작가들이 이 논의에 참여했다. 저마다 입장이 다르고 주장이 다르지만, 그것은 식민자의 언어와 피식민자의 언어가 서로 어떻게 충돌하고 교차하고 때로는 타협하는가를 보여주는 풍부한 사례들이다.

널리 알려진 상식과는 달리, 일본어 사용이 강제되고 추진되고 있던 이 시기에 한편으로는 조선어 역시 정책적 차원에서도 광범위하게 사용되었다. 또한 조선어 작품의 발표 지면이 사라지는 사태는 한편으로는 조선어 소설의 전작 장편 출판이나 이태준의 『문장강화』와 같은 조선어 교육 도서의 출간을 자극하기도 했다. 해방 직전까지도 조선어 장편소설들의 출판은 계속되었다.

또 한편 이 시기에는 조선 작가들에 의한 일본어 작품들도 많이 생산되었다. 이것들은 '한국 문학'인가, 아니면 '일본 문학'인가? 혹은 그 어떤 것도 아닌가? 이 질문에도 지금은 대답할 수 없다. 다만 '조선 문학은 조선 '글'로, 조선 '사람'이, 조선 사람에게 '읽히기' 위하여 쓴 것'이라는 1936년 조선 문인들의 자기 정체성을 견지하는 한, 식민지 말기 조선 작가들이 일본어로 쓴 수많은 작품들은 암흑 속으로 잠기고 말 것이다. 그러나 이것들 역시 해명해야 할 문제들을 안고 있는 문학 작품임에 틀림없다. '한국 문학'이란 무엇인가라는 근본적인 질문을 동반하지 않는 한, 이 작품들을 이해할 수 없을 것이다. 그렇다면 이들이야말로 '한국 문학'이 안고 있는 어떤 근본적인 문제를 내장하고 있는 작품들이 아닐 수 없다.

그런 관점에서 보면, 1930년대 후반으로부터 해방에 이르는 기간은 흔히 알려져 있듯이, '암흑기'나 '공백기'가 아니라 오히려 '한국어(조선어)'와 '한국(조선) 문학'의 다른 가능성들이 모색되고 수행되는 역동적이고 활력에 찬 시기일 수도 있다. 그 모색의 과정에서 '한국어'와 '한국 문학'은 어떤 모습을 갖게 되었을까? 그것은 우리에게 남겨진 또 다른 숙제이지만, 오늘날 우리가 여전히 아무 의심의 여지없이 자명한 것으로 믿고 있는 '한국어'와 '한국 문학'이 바로 그러한 사태를 거쳐 탄생된 하나의 결과이며 흔적이라는 사실만큼은 분명할 것이다.

11. "금 같은 힘이 어딨나?"
——황금과 한국 소설

    공중변소에서 일을 마치고 엉거주춤이 나오다 나는 벽께로 와서 눈이 휘둥그랬다. 아 이게 무에냐. 누리끼한 놈이 바루 눈이 부시게 번쩍버언쩍 손가락을 펴 들고 가만이 꼬옥 찔러보니 마치 갓 굳은 엿 조각처럼 쭌득쭌득이다 얘 이눔 참으로 수상하구나 설마 뒤깐 기둥을 엿으로 빚어놨을 리는 없을 턴데 주머니칼을 끄내 들고 한번 시험쪼로 쭈욱 나리어 깎아보았다 누런 덩어리 한쪽이 어렵지 않게 뚝 떨어진다. 그놈을 한테 뭉처가지고 그 앞 댓돌에다 쓱 문대보니까 아 아 이게 황금이 아닌가. 엉뚱한 누명으로 끌려가 욕을 보든 이 황금, 어리다는 이유로 연홍이에게 고랑땡을 먹든 이 황금, 누님에게 그 구박을 다 받아가며 그래도 얻어먹고 있는 이 황금—

    다시 한 번 댓돌 우에 쓱 그어보고는 그대로 들고 거리로 튀어

나온다. 물론 양쪽 주머니에는 묵직한 황금으로 하나 뿌듯하였다. 황금! 황금! 아, 황금이다.

가난과 질병으로 나이 서른도 채 못 채우고 세상을 떠난 김유정(金裕貞)의 단편 「연기(煙氣)」(1937)는, 공중변소의 벽과 기둥이 온통 "누리끼한" 황금으로 번쩍거리는 백일몽의 장면으로 시작된다. "돈이 있으면 닭을 한 삼십 마리 고아 먹고 구렁이도 잡아먹고 살아나겠다"[1]던 작가는 결국 그 소원을 못 이루고 세상을 떠났지만, 황금을 둘러싸고 벌어지는 처절하고 각박한 현실은 그의 소설에서 생생하고 다채롭게 재현되었다.

김유정은 1935년 단 일 년 동안 「금 따는 콩밭」 「금」 「노다지」 같은, 1930년대의 '금광 열풍'을 묘사하는 주옥같은 단편들을 발표했다. "밭고랑에 웅크리고 앉아서 땀을 흘려가며 꾸벅꾸벅 일만 하던" 「금 따는 콩밭」의 선량하고 순박한 농부 영식이는 친구의 꼬임에 빠져 멀쩡한 콩밭을 갈아엎고 금맥 찾기에 몰두한다.

---

[1] 병마와 싸우던 김유정은 죽기 며칠 전 절친한 벗인 작가 안회남(安懷南)에게 번역 일을 부탁하는 편지를 보냈다. 그 편지 중에 다음과 같은 구절이 있다. "필승아, 나는 참말로 일어나고 싶다. 그 돈이 되면 우선 닭을 한 삼십 마리 고아 먹겠다. 그리고 땅꾼을 들여, 살모사 구렁이를 십여 뭇 먹어보겠다. 그래야 내가 다시 살아날 것이다."

일 년 고생하고 끽 콩을 얻어먹느니보다는 금을 캐는 것이 슬기로운 것이다. 하루에 잘만 캔다면 한 해 줄곧 공들인 그 수확보다 훨씬 이익이다. 이렇게 지지하게 살고 말 바에는 차라리 가로지나 세로지나 사내자식이 한 번 해볼 것이다. 〔……〕 시체는 금점이 판을 잡았다. 섣부르게 농사만 짓고 있다간 결국 비렁뱅이밖에는 더 못 된다. 얼마 안 있으면 산이고 논이고 밭이고 할 것 없이 다 금장이 손에 구멍이 뚫리고 뒤집히고 뒤죽박죽이 될 것이다. 그때는 뭘 파먹고 사나.

일확천금의 꿈은 언제나 인간을 사로잡는다. 그것이 인간을 사로잡는 것은 거기에 어떤 논리나 필연이 없기 때문이다. 라스베이거스의 카지노에서 수십 억의 행운을 거머쥐는 사람이나 로또 복권 한 장으로 팔자를 고치는 사람이 그것을 가져야 할 마땅한 이유나 논리는 없다. 누구나 그렇게 되는 것은 아니지만, 누구라도 그렇게 될 수 있다. 그 점에서, '노다지'는 모든 인간을 공평하게 만든다. "섣부르게 농사만 짓고 있다간 결국 비렁뱅이밖에는" 더 될 것이 없는 농부 영식에게도, 일확천금이 노력의 결과가 아니라 운수의 결과인 한, 기회는 공평하게 열려 있는 것이다. 무수한 끔찍한 불운의 사례에도 불구하고 일확천금의 꿈이 언제나 인간을 유혹하는 이유는 거기에 있다.

1930년대의 식민지 조선 역시 그러했다. 만주 사변(1931), 중일 전쟁(1937), 태평양 전쟁(1941)으로 이어지는 이른바 총

동원체제의 시기, '내선일체(內鮮一體)'와 '일시동인(一視同仁)'의 구호가 밤낮으로 울려 퍼지는 파시즘의 시기가 1930년대였는가 하면, 수많은 사람들, 심지어는 어제의 사회주의자들까지도 황금을 캐기 위해 산으로 들로 몰려나가던 '황금광(狂)'의 시대가 또한 1930년대였다.[2] 「금 따는 콩밭」의 영식이가 말하듯, "시체(時體)는 금점이 판을 잡았다." 물론 영식이는 어떤 행운도 잡지 못했다. "금이 펑펑 쏟아지면" 코다리(명태)를 실컷 먹고 흰 고무신도 신고 얼굴에 분도 바르고 싶었던 영식의 아내는, 나오라는 금은 안 나오고 애꿎게 농사만 망치자 난폭하게 변해버린 남편의 폭력에 시달릴 뿐이었다.

한 조사에 따르면, 1933년 한 해 동안 조선 전역에 5,025개소의 광산이 개발되었는데 그중 금광이 3,222개소에 달했다. 삼천리 방방곡곡에 "금점꾼의 망치질 소리, 삽질 소리가 들리지 않는 곳이 없었다. 돌산허리며, 개천 바닥, 논밭, 집터, 묘지 할 것 없이 모두 금점꾼의 삽질에 뚫리고 구멍 나는 지경"[3]에 이르렀다. 농사꾼은 쟁기를 집어던지고 문필가는 붓을 놓고 금광으로 내달았다. 최창학(崔昌學, 1890~1959), 방응모(方應模, 1884~?)같이 금광으로 하루아침에 거부(巨富)가 된 사람들의 이야기가 내 이야기가 되지 말란 법이 없었던 시절이었다.

---

2) 1930년대 '금광 열풍'의 사회적 배경과 그 자세한 실상에 관해서는 전봉관, 『황금광시대』(도서출판 살림, 2005) 참조.
3) 같은 책, pp. 38~39.

한편으로, 오랜 신분의 벽을 깨는 데에도 황금은 어떤 제도적 장치보다 효과적이었다. 이태준(李泰俊)의 단편「영월 영감(寧越令監)」(1939)은 수백 년 묵은 완고한 봉건의 인습을 깨는 데에 황금이 얼마나 위력적인지를 보여준다. 소설의 화자인 '성익'에게 어느 날 문득 "찢어진 지우산과 지까다비" 차림으로 찾아와 "돈 천 원"을 내놓으라고 요구하는 '영월 아저씨'는 젊어서 '영월 고을'을 지낸 위엄 넘치던 양반이다. "영월 하라버지 오신다는 소리"만으로도 "아이들의 울음을 그치게 하던" 영월 영감은 이제 초라하기 이를 데 없는 금점꾼으로 변모했다. 금광의 채굴 작업 도중 부상을 입고 병원에 실려 온 영월 영감이 화자와 나누는 다음과 같은 대화는 황금이 '시대정신Geist'이 되어버린 현실의 모습을 생생하게 드러낸다.

"힘없이 무슨 일을 허니? 금 같은 힘이 어딨나? 금 캐기야 조선같이 좋은 데가 어딨나? 누구나 발견할 권리가 있어, 누구나 출원하면 캐개 해, 국고 보조까지 있어, 남 다 허는 걸 왜 구경만 허구 앉었어?"
"이제 와 아저씬 금력을 믿으십니까?"
"이제 와서가 아니라 벌서 여러 해 전부터다. 금력은 어디 물력뿐이냐? 정신력도 금력이 필요한 거다."

정신력도 황금의 위력이 없이는 발휘될 수 없는 것임을 믿는 이 왕년의 양반은 "우리 동양 사람은 문명으로, 도회지로, 역사가 만들어지는 데로 자꾸 나가야 돼"라고 주장하는데, 그 문명과 역사가 만들어지는 곳은 다름 아닌 '금광'인 것이다. 다시 말해, 옛날 영월 고을을 지배하던 '원님'은 이제 다 떨어진 지까다비를 신은 금점꾼의 신세가 되었을망정, 황금을 문명의 힘이자 역사의 진보로 믿어 의심치 않는 것이다. 어제의 '상것'이 하루아침에 조선 굴지의 거부가 되면서 사회 지도층으로 부상하는 한편에서, 과거의 '선비'가 산과 들을 헤매며 땅굴을 파는 '노가다'로 전락하는 사회 구조적 변화에 황금만큼 큰 동인(動因)을 발견하기는 어려울 것이다.

한설야(韓雪野)의 장편소설 『탑(塔)』(1942)은 작가 자신의 자전적 요소가 짙은 소설인데, 이 작품은 19세기 말~20세기 초의 양반 가문, 특히 북선(北鮮) 지역 양반 가문의 일상생활과 당대 사회의 변모 양상에 대한 풍부한 풍속사적 자료를 담고 있는 작품이기도 하다. 이 소설의 주인공 '우길'이의 아버지 '박진사'는 전형적인 양반 관료이다. 시대의 격랑 속에 이리저리 휩쓸린 끝에 "북도에 들어서는 단 한 집"이라던 세도가의 박진사가 마침내 다다른 곳 역시 '광산업'이다. 적어도 50만 원은 받으리라고 자신하던 광산을 3만 원에 넘기게 된 현실은, 말하자면 "한때는 돈을 비웃든 그이지만 이제는 돈이라야 한다고 생각하게끔 된" 박진사 스스로가 만든 것이기도 할 터이다.

금광 열풍은 작가들로 하여금 금광에 관한 작품을 쓰게 하는 데에 그치지 않고 그들을 직접 금광으로 내몰기도 했다. 조선 프롤레타리아 문학의 선구자인 팔봉 김기진(八峰 金基鎭, 1903~85)이나, 동반자 작가로 이름 높았던 채만식(蔡萬植)이 직접 금광 사업에 뛰어들었던 사실은 황금이 봉건적 인습만이 아니라, 혁명에의 이상을 무력화하는 데에도 대단히 위력적이었음을 또한 보여준다. 그러나 물론 이 작가들이 오로지 '황금에 눈이 멀었던 것'만은 아니다. 고된 노동과 쓰라린 실패 속에서도 김기진은 당시 프로 문단의 대중화 논쟁을 이끄는 중요한 논문들을 써냈고, 채만식은 이때의 경험을 바탕으로 「정거장 근처」(1937), 「금의 정열」(1938) 같은 소설을 남겼다.

조선 프롤레타리아 문학의 대표 작가 중의 하나인 이기영(李箕永) 역시 이 문제에 무심하지 않았다. 그중에서도 장편 『광산촌』(1943)과 『동천홍(東天紅)』(1943)은 이 계열의 작품 가운데서도 특히 주목할 만한 것이다. 두 소설은 모두 일제 당국의 산금정책(産金政策)을 선전하는 선전 문학이다. 1930년대의 금광 열풍은 일본 제국주의의 경제와 전쟁 수행을 위한 정책에 따라 조성된 것이었다.[4] 요컨대 금을 찾아 산과 들을 헤매던 숱한 조선인들의 일확천금에의 꿈은 동시에 일본 제국의 꿈이기도 했던 것이다.

---

4) 일본 제국주의가 왜 금 생산을 독려하고 조선 반도에 금광 열풍을 일으켰는가에 관한 자세한 설명은 전봉관, 앞의 책 참조.

이기영은 『광산촌』에서, 조선의 광업은 "대동아 공영권의 중요한 광산 기지"라고 말한다. 다시 말해, 광산은 "과학 결전"의 기지이다. 조선 반도의 지하자원은 "동양의 보고(寶庫)"로서 온갖 희귀 원소를 무진장으로 함유하고 있고 그 군사적 가치는 막대하여서 이미 "남방의 결전장에서 그 위력을 발휘하였다." 건실한 광산 노동자인 주인공 '형규'의 광산촌에서의 계몽 운동을 그린 이 소설에서 금광은 이미 개인의 사업이 아니라 국가의 사업이며, 금점꾼은 허망한 꿈을 좇는 투기꾼이 아니라 위대한 "산업 전사"이다. '영월 영감'이 원하던 '문명'과 '힘'은 이런 것이었을까?

남광에 관한 이기영의 또 하나의 장편 『동천홍』에서도 사정은 마찬가지이다. 일본인 고산(高山)이 경영하는 '옥림 광산'은 이 소설에서 "자연과 생산력—이 두 가지가 한데 결합되는 중에 인간의 참으로 아름다운 생활이 건설된다는 신념이 사실로써 훌륭히 나타"나는 일종의 유토피아이다. 모든 갈등과 고통이 주인공의 영웅적인 활동으로 해결되고 모범적 금광촌을 건설한 이후, "조선 신궁을 향하여 최경례"를 올리면서 "욱일(旭日)의 광휘(光輝)"를 바라보는 장면으로 끝을 맺는 이 소설은, 1930년대 조선 반도를 뜨겁게 달구었던 금광 열풍의 목적지가 어디였는가를 분명히 보여준다.

금광을 둘러싼 사정이 그러하다면, 우리는 1930~40년대의 금광이나 광산을 소재로 한 소설들을 다른 관점에서 읽어야 할

지도 모른다. 요컨대, '영월 영감'의 말, 즉 "누구나 출원하면 캐게 해, 국고 보조까지 있어, 남 다 허는 걸 왜 구경만 허구 앉었어?"라는 말이야말로, 식민지 조선인의 꿈과 일본 제국의 꿈이 만나서 빚어내는 온갖 희비극의 원천을 가리키는 것일지도 모른다. 신분의 고하, 지식의 유무를 막론하고 모든 사람이 단 한 번의 '대박'을 위해 뛰어드는 사회, 국가가 정책적으로 그것을 장려하는 사회, 1930년대 식민지 조선의 투기 자본주의는 이미 그런 수준에 도달해 있었던 것이다. '영월 영감'의 말 대로 그것이 '문명'이며 '역사가 나아가는 방향'이라면, 이제 이 경쟁에서의 패자는 단순한 개인적 탐욕의 희생자일 뿐 아니라 '문명'의 낙오자가 될 수밖에 없는 것이다.

국가가 장려하거나 직접 집행하는 투기판의 종류는 매우 많다. 복권, 카지노, 경마 등이 그에 속하는데 그것은 모든 근대 국가가 해왔고 또 하고 있는 것이다. 이효석(李孝石)의 장편 『벽공무한(碧空無限)』(1941)은 하얼빈으로 출장 여행을 갔던 작가 '천일마'가 복권에 당첨되어 하루아침에 큰 부자가 되어 호사를 누리는 이야기를 다루고 있다. 이 소설에서의 너무나도 비현실적인 우연과 행운의 연속은 오히려 식민지 사회의 현실감을 흐리고 있다. 작가는 이렇게 해서라도 현실의 허망함을 반어적으로 드러내고 싶었던 것일까?

그러나 투기 자본주의가 개인적 탐욕과 국가적 정책이 서로 결합하여 진행되는 것이라 하더라도 그 결과는 언제나 개인적

일 뿐이다. 다시 말해 국가가 결과를 책임지지는 않는다는 것이다. 더구나 그것이 비극으로 끝날 때에는 더욱더 그렇다. 그리고 투기의 끝은 거의 언제나 비극이기 마련이다. 1930년대의 금광 열풍 또한 예외가 아니었다. 어떻게 해서라도 한몫을 잡고야 말겠다는 처절한 의지는 때때로 상상을 초월하는 사건을 만들어내고, 소설은 그런 장면을 포착한다.

김유정의 단편 「금」은 금광에서 일하는 주인공 '덕순'의 이야기를 그린다. 덕순과 그의 동료는 작업 도중 '노다지'를 발견하고 그것을 몰래 빼돌릴 궁리를 한다. 감독의 매서운 감시를 피할 길은 없다. 광부들은 금을 빼돌리기 위해 온갖 수단을 다 쓰고 그것을 적발하기 위한 감시의 눈초리 또한 만만치 않다. 마지막으로 덕순이 생각하는 것은 자신의 신체 일부와 '노다지'를 바꾸는 것이다. 그는 돌로 자신의 다리를 내려치고 동료는 덕순의 다리를 헝겊으로 감싸고 그 안에 금을 숨긴 뒤 기절한 그를 업고 밖으로 나온다. 그러나 자신의 다리 한 쪽을 버리고 얻은 그 금을 덕순이 차지할 가능성은 없어 보인다. 소설의 마지막 장면은 덕순을 업고 나온 동료의 배신을 강하게 암시하고 있는 것이다.

스스로 금광 산업에 투신했던 채만식의 중편 「정거장 근처」 역시 황금을 위해 신체를 내던지는 인물의 이야기를 그리고 있다. 주인공 '덕쇠'는 '노다지'를 차지하기 위해 그것을 삼킨다.

덕쇠는 〔……〕 "에라 이놈의 것……" 하더니 노다지를 제 입에다가 쥐어놓고 금시로 불룩해진 볼때기를 우물우물하면서 이어 삼키느라고 끼룩끼룩 목을 길게 잡아 뺀다. 눈 깜짝할 사이다. 너무 뜻밖의 일이라, 키다리는 잠시 멍하니 서서 있고 그동안에 덕쇠는 연신 목을 잡아 늘여 대가리를 내두르면서 두 번에 두 개 삼켜버렸다. 〔……〕 덕쇠는 목구멍을 할퀴기는 했어도 두 개는 이미 뿌듯이 넘어갔으니까 반쯤 죽더라도 지금 입 안에 남아 있는 놈을 마저 삼켜버리려고 애를 쓴다. 손가락이 어쩌다가 입 안으로 들어오면 사정없이 질근질근 물어 뗀다. 〔……〕 아직도 못 삼키고 입속에 있는 한 덩이를 마저 삼키려고 다시 목을 끼룩거리니까 벼락불이 나게 따귀가 올라 붙는다. 그 서슬에 금덩이는 덕쇠의 입에서 쏟아져 흙바닥에 떨어진다. 그놈은 원체 굵어서 사람의 목구멍으로 넘어갈 수가 없는 놈이다.

마르크스는 상품의 사회적 교환에 내재하는 원리를 '목숨을 건 도약'[5]이라는 멋진 비유로 설명한 바 있지만, 경우는 전혀 다르다 할지라도, 덕쇠의 이 '목숨을 건 도약'은 대체 어떻게 설명할 것인가? 하기야 '목숨을 건 도약'이 실패하면 상품도 화폐도 존재할 수 없는 자본주의 경제를 생각한다면, 덕쇠 역시

---

5) '목숨을 건 도약'이란 사전에 어떤 규칙이나 공통분모가 없이 맹목적이고도 무의식적으로 교환이 성립하는 현상을 뜻한다. 이런 '도약'이 없이는 상품 관계는 이루어지지 않으며 화폐도 발생하지 않는다.

'영월 영감'이 말하는 '문명의 역사'에 목숨을 걸고 참여하고 있는 것인지도 모른다. 그리고 그것은 아마도 모든 피식민지인에게 주어진 공통의 운명이었을 것이다.

12. 식민지의 복화술사(複話術師)들
——조선 작가의 일본어 소설 쓰기

    그러나 현의 마음 어느 한구석에 나는 지금 누나와 같이 있다는 자각이 생겼다. 그래서 이번에는 까닭없이 깜짝 놀란 것처럼 뒤를 돌아보았다. 그때 그의 눈에는 벤치를 떠나 홰나무 숲 쪽으로 아주 빠르게 도망치는 푸른 지나 옷차림의 누나가 언뜻 보였다. 현은 더욱 놀라 튕기듯이 뛰어 나갔다.
    "기다려요! 기다려요!" 그러나 지금까지 이토와 내지어로 이야기를 주고받던 참이라, 뜻하지 않게 그것은 내지어였다. 게다가 그는 지금 자기가 내지어로 외치고 있다는 사실을 깨닫지 못했다. 말은 모르지만 동생의 큰 목소리에 누나는 화살 박힌 듯이 되어 한 번 뒤돌아보았다. 바로 그때 이토가 대체 무슨 일이야, 하고 외치면서 현 쪽으로 달려온다. 그것을 보자 가야는 드디어 망상의 공포에 사로잡혀 숲 속으로 사라져버리고 말았다. 현은 또 현대로 아무것도 생각할 여유 없이 누나의 뒤를 쫓아 달리면서, "또 만나자, 또 만나" 하고 뒤돌아보며 외쳤다. 이토는 어안이 벙벙해져 어리둥절하게 서 있는 채였다.[1]

김사량(金史良, 1914~50)의 소설 「향수」(1940)에서 인용한 위의 장면은 한국 소설 및 한국어와 관련된 꽤 까다롭고 복잡한 생각거리를 제공하고 있다. 이 소설은 일본어로 씌어져 일본의 문학 잡지인 『분게이슌주(文藝春秋)』에 실렸다. 그렇다면 이 소설은 일본 문학에 속하는가? 대답이 그리 간단치는 않다. 이 질문은 잠시 뒤로 미뤄두고 우선 위의 장면에 주목하자.

무대는 북경이며 시집은 1938년, 바야흐로 중일 전쟁의 포연이 전 중국을 뒤덮고 있는 때이다. 화자인 현은 어렸을 때 헤어진 누나(가야)와 매부(윤장산)를 찾아 북경으로 온다. 누나와 매부는 삼일 운동에 참여하였다가 중국으로 망명한 왕년의 독립투사이지만, 지금은 비참하게 몰락하여 아편 밀매 따위로 생계를 유지하고 있다.

위의 장면에서 현은 누이 가야의 안내로 북경의 북해공원을 관광하는 중이다. 누이는 고달픈 생활에 쫓기면서도 동생과 함께 공원을 둘러보며 오랜만에 느긋하고 여유 있는 시간을 즐긴다. 그러다가 누이는 공원 저쪽에서 다가오는 일본 군인들을

---

1) 이경훈 편역, 『한국 근대 일본어 소설선 1940~1944』, 도서출판 역락, 2007, p. 43.

보는 순간 공포에 사로잡힌다. 망명한 독립투사의 아내로서, 또 아편 밀매자로서 늘 헌병이나 관헌의 눈을 의식해야 하는 그녀에게는 카메라를 어깨에 멘 채 공원을 거니는 일본 군인조차 공포의 대상이었던 것이다. 긴장하고 있는 누이의 앞으로 공교롭게도 그 일본 군인들이 다가온다.

현은 놀라서 벌떡 일어선다. 그 군인들 중 하나는 현의 고등학교와 대학의 동창이며 "고등학교 시절부터 서로를 마음속의 동지로 부르며 손을 맞잡은 사이"인 이토 소위였던 것이다. 그런데 화자는 자신이 이토 소위와 일본어로 이야기를 나누고 있다는 사실을 의식하지 못하고 있다. 좀 전까지 그는 누나와 조선어로 이야기를 나누고 있었던 것이다. 순간 화자는 누나에게 생각이 미친다. 그러나 일본 군인의 출현에 겁을 먹은 누나는 벌써 몸을 돌려 숲 속으로 도망치고 있다. 화자는 누나에게 "기다려요"라고 소리쳤지만, 그것은 일본어이다. 더구나 그는 자기가 일본어로 누나에게 외치고 있다는 사실을 의식조차 하지 못하고 있는 것이다. 누나는 동생의 외침을 이해할 수 없다. 잠시 멈추었던 누나는 역시 일본어로 외치면서 달려오는 이토 소위를 보자 황급히 도망친다. 현은 이번에는 이토 소위를 보고 "또 만나자"고 외치면서 누나의 뒤를 쫓는다. 이토 소위는 무슨 영문인지 몰라 어안이 벙벙한 채 서 있다. 이것이 이 장면의 전후 맥락이다.

누나가 일본어를 몰라서 벌어진 해프닝일 뿐이라고 하면 그만이지만, 돌발적으로 벌어진 이 상황 속의 세 인물이 저마다 완벽한 의사소통 불능의 상태에 빠져버리는 장면에서 우리는 피식민지에서의 언어 상황에 관해 무언가 유용한 생각의 실마리를 얻을 수 있을지도 모른다. 작가 자신의 이력과 일치하는 화자 현은 조선어와 일본어의 이중 언어 사용자다. 그는 일본어로 고등 교육을 받았고 그 언어로 자신의 경력을 쌓은 인물이다. 그러나 그의 유창한 일본어는 이 위기의 순간 일본어로 인해 빚어진 오해를 풀지 못한다. 아니 오히려 그의 일본어는 오해를 더욱 증폭시킨다. 자신이 일본어로 외치고 있다는 사실을 의식조차 하지 못한 채 일본어로 외치면 외칠수록, 그는 자신의 형제로부터 멀어진다. 그런가 하면, 자신의 언어를 이해하는 제국의 지배자 역시 그의 행동을 이해 못하고 어리둥절해하고 있다. 식민지에서의 이중 언어 사용자 혹은 이중 언어 글쓰기 작가의 운명을 이토록 정확하게 상징하는 장면이 또 있을까?

식민지 시기에 최초로 일본어로 소설을 써서 일본 문단에 작가로 데뷔한 사람은 장혁주(張赫宙)였다. 경북 대구의 한 소학교 교원이었던 스물일곱 살의 조선인 청년 장혁주는 1932년 일본의 유력한 좌익 종합지 『가이조(改造)』의 현상 공모에 「아귀도(餓鬼道)」라는 소설이 당선됨으로써 식민지 출신으로서는 최초로 일본 문단에 화려하게 등장했다. 자신의 일본어 소설 창작의 동기를 "민중의 비참한 생활을 널리 세계에 알리고 싶어서"였다고 밝힌 장혁주의 소설 「아귀도」는 때마침 침체에 빠져 있던 일본 프롤레타리아트 문단에 '지주 계급과 일본 제국주의의 착취에 시달리는 조선 농민의 비참한 삶을 고발'한 가작으로 평가받았다.

그러나 장혁주의 일본 문단으로의 진출은 조선 문단에서는 환영받지 못했다. 그것이 모국어와 동족에 대한 배신으로 여겨졌을 것임은 충분히 짐작할 수 있는 일이다. 장혁주는 조선어로도 소설을 발표했지만, 그것은 특별한 눈길을 끌지 못했고 그와 조선 문단과의 불화는 날로 깊어졌다. 마침내 그는 1935년에 「문단 페스트균」이라는 글로 큰 물의를 일으키고 1937년에는 아예 일본으로 이주했다. 그러나 그와 조선 문단과의 관계가 끊어진 것은 아니었다. 1938년에 그가 쓴 희곡 「춘향전」은 일본의 유명한 연출가인 무라야먀 도모요시(村山知義)에 의해 일본 전국에서 순회 공연되었고, 조선에서도 공연되었다. 해방이 될 때까지 그는 일본어와 조선어로 창작을 계속했다. 태평양 전쟁 시기 그는 다른 많은 작가들과 마찬가지로 일제의 전쟁 체제에 협조하는 글을 쓰기도 하고 선전 활동에 나서기도 했다.

장혁주의 일생은 이 짧은 글에서 다룰 수 없을 만큼 드라마틱한 것이거니와, 작가로서의 그의 궤적이 식민지 조선 문학과 조선어에 던지는 의미는 간단치가 않다. 사람들은 흔히 그가 일본어로 글을 쓴 것을 비난하지만 그것은 도덕의 문제가 아니다. 피식민지인에게 제국의 언어는 권력의 중심으로 접근할 수 있는 가장 유력한 통로다. 영어로 창작하여 세계적인 문명을 얻은 아일랜드나 인도 출신의 작가들, 또는 프랑스어로 발언했던 아프리카 지식인들의 사례는 제국의 언어가 피식민지인에게 어떻게 유용한 무기가 될 수 있는지를 보여준다.

그렇다면 일본어로 일본 문단에 데뷔한 장혁주의 '배신'을 묻기 전에, 40년 가까운 조선 신문학의 역사 이래, 또 그만한 기간의 식민지 지배 이래 어째서 일본어로 창작하려고 한 작가가 한 사람도 없었던 것일까를 물어야 한다. 정치, 경제, 사회, 문화의 모든 부문을 장악한 '일본적인 것'의 지배력에도 불구하고, 조선인에 의한 일본어 창작이 오랫동안 시도되지 않았던 데에는 어떤 이유가 있었던 것일까? 일본어의 압력을 견뎌낼 만큼 조선어의 역사성과 동질성이 워낙 강했던 것이라고 말할 수도 있겠다. 그러나 제국의 언어를 통해 제국의 중심으로, 나아가 '세계'를 향해 발언하려고 꿈꾸었던 식민지 출신의 작가—어떤 점에서 이것은 매우 자연스런 현상인데—가 극히 희소했던 것은, 일본 제국주의의 조선 지배의 특성과 연관하여 여전히 풀기 어려운 문제 중의 하나다.

장혁주의 뒤를 이어 일본 문단에 진출한 조선인 작가가 바로 앞에서 예로 들었던 김사량이었다. 평양 출신으로 일본 규슈(九州)의 사가(佐賀) 고등학교를 거쳐 도쿄제대 독문과를 갓 졸업한 김사량은 1939년 단편 「빛 속에(光の中に)」를 『분게이슈토(文藝首都)』에 발표하고, 이듬해 이 소설로 일본 최고의

권위를 자랑하는 아쿠타가와 문학상의 후보에 올랐다. 도쿄의 빈민가에 살고 있는 일본인과 조선인 혼혈 아동의 이야기를 그린 이 소설은 민족적 정체성에 관한 깊이 있는 질문을 제기함으로써 작가의 문명을 높인 출세작이 되었다. 이들의 뒤를 이어 이은직(李殷直, 1939년 등단), 김달수(金達壽, 1940년 등단), 홍종우(洪鐘羽, 1941년 등단) 등의 조선인들이 일본 문단에 등장함으로써 식민지 출신의 일본어 작가라는 독특한 작가군(群)이 나타났다.

그런데, 한국 신문학의 첫 세대인 이광수나 김동인 역시 어떤 점에서는 이중 언어 사용자라고 볼 수 있지 않을까? 이광수의 첫 작품은 「사랑인가(愛か)」라는 일본어 소설이었고, 김동인의 소설 역시 '구상은 일본말로 하고 그것을 조선어로 옮기는' 과정을 거쳐 탄생한 것이었기 때문이다. 조선의 근대 문학이 일본을 거쳐 온 것임이 분명한 이상, 조선 작가들에게 일본어는 벗어날 수 없는 숙명 같은 것이었다. 그런 만큼 그들은 모두 어느 정도는 조선어와 일본어의 이중 언어 상황에 있었다고 할 수 있다.

그러나 그들이 목표로 했던 것이 일본어 글쓰기가 아니었다는 점도 분명하다. 일본어를 통해 문학을 익혔던 것이 분명했던 만큼, 조선어와 조선 문학이 그들의 절대 목표였고 의심할 수 없는 실체였던 것도 분명하다. 일본과 일본어를 통해 근대 문학과 소설 쓰기를 배웠지만, 그들이 원했던 것은 조선어로 된 조선 소설이었고 그들은 거기에 매진했던 것이다. 요컨대, 조선 근대 문학의 건설, 그것이 모든 식민지 작가들의 목표였고 존재 이유였다. 한편 태평양 전쟁 시기에 조선 작가들에게는 일본어 글쓰기가 강요되었다. 많은 작가들이 거기에 따랐다. 그리하여 조선인 작가들에 의한 수많은 일본어 작품들이 이 시기에 창작되었다. 그러나 이 사실을 들어 그들을 이중 언어 사용 작가라고 할 수 없는 까닭은, 그들의 의도와 목표가 언제나 조선어와 조선 문학의 수립에 있었기 때문이다.

그 점에서 장혁주와 김사량의 소설 쓰기는 남다른 의미를 지닌다. 그들은 처음부터 일본어로 시작했다. 일본어에서 시작해서 조선어 글쓰기로 나갔던 식민지의 작가들과는 정반대의 길을 그들은 택했다. 그들은 일본어로 쓰고 일본을 향해(동시에 조선을 향해) 말하고자 했다. 그러나 물론 모어가 아닌 일본어로 글쓰기는 당연히 어려운 일이었고, 그 고충을 장혁주와 김사량은 자주 털어놓곤 했다. 온갖 어려움에도 불구하고 그들은 일본어 창작의 길을 택했고 자진해서 이중 언어 사용자의 운명을 받아들였다.

그 결과는 어떤 것이었을까? 이 글의 첫머리에서 인용한 것과 같은 현상이 일어났다. '조선의 현실을 일본과 세계에 알리기 위해' 일본어로 소설을 쓴다는 그들의 의도와는 달리, 장혁주와 김사량은 일본어로 외치면 외칠수록 자신의 형제로부터 멀어지면서 동시에 일본어 사용자에게도 불가해한 그 무엇으로 남겨지는 (「향수」의 화자와도 같은) 처지가 되었다. 조선 문단은 그들을 외면했고, 일본 문단은 일본어로 글을 쓰는 젊은 조선인 작가에 대해 신기한 에그조티시즘exoticism 이상의 진지한 반응을 보이지 않았다.

장혁주의 「權이라는 남자(權という男)」(1933), 「분발하는 사람(奮ひ起つ者)」(1933), 「다른 풍속의 남편(異俗の夫)」, 「협박」(1953) 같은 문제작들은 한국과 일본 양쪽에서 모두 외면당했고, 그의 이름은 해방 후 임종국이 쓴 『친일문학론』의 한 귀퉁이에 '친일 작가'로 잠깐 거명되었을 뿐이었다. 그의 작품집 『쫓기는 사람들』과 『소년』이 에스페란토어로 번역되어 폴란드와 체코에서 출간되고, 단편집 『산령(山靈)』이 중국어로 번역·출판된 사실, 그리고 그가 86세 때인 1991년에 인도의 출판사를 통해 *Forlon Journey*라는 영어로 쓴 장편소설을 출간했던 사실 역시 아무런 주목을 받지 못했다. 그 대신에 그는 1952년에 일본으로 귀화함으로써 재일 조선인들로부터 '민족을 배신한 변절자'로만 기억되었다.

김사량의 작가적 경력은 길지 않았지만, 앞서 거론한 작품들 말고도, 「천마(天馬)」(1940), 「풀이 깊다(草深し)」(1940) 같은 일본의 식민지 지배의 본질을 건드리는 심각한 문제작들을 일본어로 써냈다. 해방 직전에 그는 중국 출장길을 틈타 태항산에 있는 조선의용군 부대로 탈출하여 무장 항일 운동에 참여하였다. 6·25 전쟁과 함께 그는 북한군의 종군 작가로 활동하

다가 전선에서 병을 얻어 사망하였다.

이 젊은 작가의 극적인 인생과 작가적 모험 역시 오랫동안 잊혀졌다. 남한에서 그의 이름은 역시 '친일 작가'로 잠시 거명되었고 북한에서는 정치적 이유로 기억에서 사라졌다. 1970년대에 재일 조선인 사회에서 김사량은 '저항 작가'의 본보기로 다시 조명되었고, 북한에서도 다시 그의 작품집이 출간되었다.[2]

장혁주와 김사량을 외면하든 기억하든, 그것은 모두 문학 외적인 정치적 이유에서 출발하는 것이었다. 그들의 일본어 소설 쓰기가 제기하는 근본적인 문제는 심도 있게 논의되지 않았다. 장혁주의 일본어 소설 쓰기에 대한 조선 문단의 반응은 1936년 8월 잡지 『삼천리』에 실린 「조선 문학의 정의, 이러케 규정하려 한다」라는 기사에서 엿볼 수 있다.

'조선 문학은 조선 '글'로, 조선 '사람'이, 조선 사람에게 '읽히기' 위하여 쓴 것'이라는 조선 문학의 일반적인 정의에 대하여 이 기사는 당시의 대표적인 문인 12명의 견해를 설문 형식으로 묻고 있다. '조선 '글'로, 조선 '사람'이, 조선 사람에게 '읽히기' 위하여 쓴 것'이 조선 문학이라는 정의에 대해 응답자들은 모두 동의하고 있다. 흥미로운 것은 이 설문이 장혁주의 이름

---

[2] 장혁주와 김사량이 해방 이후 남북한 양쪽에서 어떤 방식으로 읽혀져왔는가 하는 점에 대해서는 필자의 논문 「두 개의 거울: 민족 담론의 자화상 그리기」 (『상허학보』, 17호, 2006) 참조.

을 거명하면서 "장혁주씨의 작품은 조선 문학에 속하는가?"라고 묻고 있다는 점이다. 더욱 흥미로운 것은 장혁주 자신이 일본어로 쓴 자신의 작품은 조선 문학에 속하지 않는다고 대답하고 있다는 점이다.

여기서 보듯, 조선 문학을 구성하는 절대적 조건으로서의 조선어는 한 치의 의심도 없이 자명한 것처럼 보인다. 1936년의 조선 문단은 장혁주의 등장과 함께 떠오른 조선 문학의 정체성에 관한 질문을 '조선 문학=조선어'라는 등식을 굳세게 재확인하는 것으로 서둘러 봉합하고 있는 것이다. 그리고 이 등식의 자명성은 다시 의심되지 않았다. 그러나 장혁주나 김사량 같은 작가들이 지닌 의미가 단지 작품의 국적(國籍), 언어의 경계(境界)를 확인하고 그들이 어디에 속하는가를 결정하는 것으로 끝날 수는 없다(그 점에서 본다면 장혁주 스스로도 자신의 행위의 의미를 정확하게 이해하고 있었던 것 같지는 않다).

태평양 전쟁 시기에는 장혁주나 김사량 말고도 수많은 조선 작가들이 일본어로 글을 쓰거나 발언했다. 오늘날 그것들은 민족과 모국어에 대한 비겁한 배신 행위로밖에는 기억되지 않지만, 그 기록들을 꼼꼼히 들여다보면, 뜻밖에도 전혀 다른 모습들이 드러나는 경우가 많다. 길게 상론할 여유는 없지만, 요컨대 적(敵)의 칼날을 잡고 적(敵)을 베어 넘기려는 아슬아슬한 정신의 곡예가 벌어지는 사례들도 무수히 많다. 그런 기록들을 마주할 때마다 나는 말할 수 없이 복잡한 심정에 사로잡히곤 한다.

생각건대, 제국의 지배 아래서 제국의 언어로 발언하는 피식민지인은 일종의 복화술사(複話術師)[3]이다. 그들은 한 입으로 두 말하는 자, 두 개의 혀를 가진 자들이다. 이 아슬아슬한 게임에서는 그들 스스로도 분열되고 파멸된다. 그러나 동시에 그들의 존재 자체가 모어의 자연성, 국어의 정체성, 국민 문학의 경계에 대한 날카로운 비수(匕首)가 된다. 오로지 하나의 언어만을 말하는 자, 모어의 자연성의 세계 속에만 갇혀 사는 자에게 제국은 시야에 들어오지 않는다. 제국의 언어를 흉내 mimicry 내는 자, 자신의 언어가 아닌 다른 언어로 다른 생각을 시도하는 자에게 비로소 전복의 가능성이 열린다. 식민지의 이중 언어 사용자들에게서 우리는 그런 가능성을 기대할 수 있을 것이다.

그러나 오랫동안 한국 문학은 그리고 한국인들은 그들의 이중 언어를 이해하려 하지 않았다. 그들의 복화술이 제국의 심장을 깊게 후비는 예리한 비수가 될 가능성에 대해서도 생각하지 않았다. 단 하나의 언어, 독자적인 국민 문학의 경계만이 제국의 질서에 맞서는 유일한 길이라는 신념은 한 번도 의심되지 않았다. 그러는 한, 한국인은 그리고 한국 문학은 동생의 언어에 놀라 숲 속으로 도망치는 누이의 모습과 크게 다를 것 없이 될지도 모를 일이었다.

---

3) 복화술의 한자는 '腹話術'이지만 여기서는 의도적으로 '複話術'로 표기했다.

13. "벌거벗겨놓고 보니 매 갈 데가 어딥니까"
—— 한국 소설과 8·15 해방

돌아오네 돌아오네 고국산천 찾아서
얼마나 그렸던가 무궁화 꽃을
얼마나 외쳤던가 태극 깃발을
갈매기야 웃어라 파도야 춤춰라
귀국선 뱃머리에 희망도 크다

8·15 해방 직후 널리 불렸던 손노원 작사, 이재호 작곡, 이인권 노래의 대중가요 「귀국선」의 노랫말이다. '갈매기도 웃고 파도도 춤추는' 해방은 일본 제국의 해체를 의미하는 것이었고, 동시에 그 제국의 영역 안에 살고 있던 사람들의 거대한 이동을 의미하는 것이었다. 수많은 사람들이 돌아오고 또 돌아갔다. 정확한 통계는 아직껏 작성된 바 없지만 한 추정에 따르면, 해

방 이후 1949년까지 일본으로부터 국내로 귀환한 한국인의 숫자는 100만에서 140만 명 정도이다(만주나 기타 지역으로부터 돌아온 숫자를 합하면 이보다 더 많을 것임은 물론이다). 한편 1945년 9월 12일부터 1947년 말까지 88만 명 이상의 일본인이 한국을 떠났고,[1] 만주 혹은 동남아시아로부터도 많은 일본인들이 그들의 '고국산천'을 향해 길을 떠났다.

이 거대한 인구의 대 이동, 더구나 전쟁의 결과로 빚어진 이 이동이 과연 '갈매기도 웃고 파도도 춤추는' 낭만에 가득 찬 여정(旅程)이기만 했을까? '귀국선 뱃머리'에는 과연 '희망'만이 가득 찼던 것일까? 삶이 유행가 가사만큼만 가벼울 수 있디면 얼마나 좋으랴. 귀환의 실상은 유행가의 가사와는 물론 크게 달랐다.

만주나 일본으로부터 돌아오는 이른바 '귀환 동포'의 여로(旅路)를 그린 당대의 한국 소설은 꽤 많다. 이 수많은 '귀환의 서사'들은 결코 간단치 않은 '해방'과 '귀환'의 장면들을 그려내고 있다. 먼저 다음 장면을 보자.

진한 구리ㅅ빛으로 탄 얼굴과 위ㅅ도리는 아무것도 걸친 것이 없이 해를 받아 뻔쩍뻔쩍 빛나는데 히그므레한 사루마다 같

---

1) 전상인, 「해방 공간의 사회사」, 『해방 전후사의 재인식 2』, 책세상, 2006, pp. 155~56.

은 것을 아래ㅅ도리에 감았을 뿐이었다. 〔……〕 그 채림채림은 의외의 것이 아닐 수 없어서 직각적으로 내게 내가 떠나온 이국인의 풍모를 연상ㅎ게 하여 몇 번썩이나 몸을 소스라치게 하였는지 모른다. 〔……〕 그는 작대기를 자기 자신의 시선이 돌리인 물을 향하여 힘껏 던지었다. 〔……〕 그리고는 작대기에다가 전신의 힘을 집중하여 내려 누르고 이리저리 부비대었다. 동시에 그의 희그므레한 사루마다를 두른 궁둥이가, 영화에서 보는 남양 토인의 춤처럼 몇 번인가 좌우로 이질거리었다. 〔……〕 그가 물에 박히었던 쪽의 작대기를 하늘을 향하여 치켜들고 금속성의 광휘를 발하는 작대기 끝에 박힌 거무스럼한 물건을 뽑아내는 듯하는 거동을 나는 먼 빛에 보았다. 그 검은 물건은 소년의 손끝에서 꿈틀거리었다.

허준(許俊, 1910~?)의 중편소설 「잔등(殘燈)」(1946)은 만주로부터 서울로 귀환하는 주인공의 여정을 그린 소설이다. 소설의 전반적인 분위기는, 화자 스스로 그 소설 안에서 밝히듯이, '제3자의 정신'에 이끌리고 있다. 이제는 장춘(長春)이라는 이름을 되찾은 옛 만주국의 수도 신경(新京)으로부터 함경도 회령까지 '스무 하루'가 걸린 험난하고 긴 여정이었지만, 귀환의 길은 그런대로 여유에 넘치고 심지어는 한가롭기까지 하다.

주인공이 만주에서 무엇을 하고 있었던 인물인지, 왜 그가 온갖 고초를 무릅쓰고 서울로 가려 하는지에 대한 정보는 소설

속에 주어져 있지 않다. 그는 사태를 멀찍이서 관찰하는 '제3자의 정신'으로 자신의 주변에서 일어나는 일들을 그리고 있는데, 이것은 대체로 감격과 흥분에 넘쳐 종종 과도한 정치적 언설로 치닫곤 하는 당대의 귀환 서사에서는 보기 드문 태도이다.

위의 인용문에서 화자는 강가에서 우연히 만난 '십사오 세 된' 한 소년을 그리고 있다. 희끄무레한 '사루마다'만을 걸친 채 진한 구릿빛으로 '번쩍번쩍 빛나는' 이 소년은 강물을 따라가며 날랜 솜씨로 작살을 던지는데, 그 '삼지창' 끝에 꽂혀서 꿈틀거리는 물고기와 벌거벗은 소년의 힘찬 동작들, 그리고 쏟아지는 햇볕 등을 묘사하는 이 회화적 장면은 해방이 그에게 부여했을 신선한 에너지와 청신함의 감각과 매우 잘 어울리는 것이기도 하다.

그런데 이 장면에는 해방의 청신함만으로는 설명되지 않는 무언가 수상한 불안의 기운이 어른거린다. 고단하고 남루한 고국으로의 귀환 과정에 있는 화자에게 "전쟁 이래 처음 고국 산수의 맑고 정함과, 이 맑고 정한 물을 마시고 자라나는 사람의 잡티가 섞이지 아니한 신선한 촉감"을 안겨주는 이 소년의 모습은, 또한 그가 떠나온 '이국(중국)'의 '이국인,' 혹은 아마도 그가 일제 말기의 전쟁 선전 영화들에서 익숙하게 보았을 '남양의 토인들'을 떠올리게 한다. 요컨대, 화자는 이 소년에게서 (다분히 오리엔탈리즘적 시각이라고 비판받을 소지가 충분한) 모종의 야성 혹은 어떤 야만의 기운을 감지하는 것이다. 그 점을 좀더 자세히 살펴보자.

온몸이 구릿빛으로 빛나는 야성미 넘치는 이 소년의 '삼지창' 끝에서 꿈틀거리는 뱀장어의 "단말마적 운동"을 화자는 길고 자세하게 묘사한다.

> 과연 모래 위에 팽겨쳐놓고 간 그놈의 고기가 곰불락 일락 뛰기를 시작한다. 삼지창 끝에 박히었던 장어의 대가리는 옥신각신 진탕으로 이겨져서 여지없이 된 데다가 뛰는 때마다 피가 뿜겨져 나온 부분이 모래와 반죽이 되는데도 불구하고 이 세장(細長)의 동물은 그 전신 토막토막이 전수히 생명이라는 듯이 잠시도 가만 있지를 아니하였다. 제가 얼마나 뛰랴, 뛰면 무엇하랴 하고 얕잡아 보고 앉았는 사이에 여러 번 여러 수십 번도 더 툭툭거리기질을 하는가 했더니 어느덧 물 언저리까지 접근하여 가서 한 번 더 뛰면 물속으로 뛰어들어 갈 수가 있게까지 된 것이 아닌가. 〔……〕 나는 나 자신의 이때 너무나 직정적인 일면을 자소(自笑)하듯 일어나서 한 번이면 알아볼 마지막 고비를 뛰어넘으려는 동물의 충동을 잡아 올려 전 자리에 팽겨쳐버리었다.

'진탕으로 짓이겨진 대가리'에서 뿜어 나오는 피와 모래가 반죽이 된 채 살 길을 찾아 날뛰는 뱀장어의 모습을 자세하게 묘사하는 이 장면에서, 화자는 "생명에 대한 강렬하고 정확한 구심력(求心力)"을 느끼고 "무슨 큰 철리의 단초(端初)나 붙잡은 모양으로 흐뭇한 만족감"을 얻는다. 그러나, 작살을 던져 뱀장어를 낚아 올리는 "거만하고 초연한" 소년에게서 '고국 산수의 맑고 정한 신선함'을 맛보고, 꿈틀대는 뱀장어의 처절한 모습에서 '생명에의 집착'을 깨닫는 이 장면의 의미가 그런 정도의 범박한 추상적 상념에서 그치는 것이라면, 이 소설은 사실 진부하기 이를 데 없는 것이 되었을 것이다.

소년의 날카로운 작살 끝에 꽂힌 뱀장어, 머리가 짓이겨진 채 모래 바닥에서 꿈틀거리는 뱀장어, '제가 뛰면 얼마나 뛰랴' 하는 화자의 냉정한 시선을 받는 뱀장어, 한 번 더 몸을 뒤채면 물로 뛰어들 수 있는 '마지막 고비'에서 또다시 모래 바닥으로 '팽개쳐지는' 뱀장어, 이 뱀장어는 대체 무엇을 상징하는 것일까?

"대가리가 산산이 으깨어져 부서진 이 생선의 단말마적인 발악"이 패전(敗戰)으로 인해 하루아침에 '독 안에 든 쥐의 신세가 되어버린' 일본인들의 운명을 가리키는 것임은 이어지는 서술에서 곧 드러난다. 강에서 작살로 고기를 찍어 올리는 이 소년은 도망치는 일본인들을 잡아내는 '위원회 김선생'의 충실한 부하이기도 한데, 다음의 장면을 유의해 보자.

"그럼 일본 사람은 다들 도망을 가고 지금은 하나도 없는 셈인가."

소년이 잠깐 잠잠한 틈을 타서 나는 비로소 공세를 취하여야

할 것을 알았다.

"도망도 가고 더런 총을 맞아 죽구 더런 남아 있는 놈도 있지오."
"남아 있는 건 어디딜 있노. 저 살던 데 그대루 있나."
"아니오. 한군데 몰아놨지요. 저어기 저어."

소년은 손을 들어 산허리에 있는 불을 놓았다는 벽돌집의 약간 외인편 쪽을 가리키며

"저기 저 골퉁이에 그전 저네 살던 데에다가 한 구퉁이를 짤라서 거기 집어넣고 그 밖에선 못 살게 해요. 그중에선 달아나는 놈두 많지만."

"달아나?"

"돈 뺏기기 싫어서 돈을 감춰가지구 어떻게 서울루 달아나볼가 하다가는 잡혀서 슬컨 맞구 돈 뺏기구 아오지나 고무산 같은 데루 붙들려 간 게 많았어요. 나두 여러 개 잡었는데요."

소년은 자기가 어떻게 '일본놈 여러 개'를 잡았는지를 화자에게 자랑스럽게 떠벌인다. "그렇게 물 샐 틈 없이 꼼짝 못하게 하는데도 달아나는 놈은 미꾸라지 새끼처럼 샌단 말이야요"라는 소년의 말에서 화자는, 좀 전에 모래판 위에서 보았던 "대가리가 산산이 으깨어져 부서진 생선의 단말마적인 발악"을 연상한다. 그 뱀장어야말로 현재의 일본인들의 "운명을 이야기하여 남김이 없는 듯도 하였다."

이 글의 첫머리에서 말한 바와 같이, 8·15 해방은 일본 열도로부터 한반도, 대만, 중국의 만주 지역, 그리고 동남아시아 및 태평양의 광대한 지역으로 확장되어 있던 일본 제국의 순간적인 해체를 의미하는 것이었다. 그러나 그 역사적 의미가 어떠한 것이든 간에, 일상생활의 차원에서 해방의 의미는 1945년 8월 15일 현재 각 개인이 처한 위치에 따라 저마다 다를 것이었다. 모든 역사적 격변의 순간이 언제나 그렇듯이, 어떤 사람에게는 새로운 광명(光明)이었을 그것은 어떤 사람에게는 끔찍한 재앙(災殃)이기도 할 터이었다.

 정치적으로 8·15는 동북아시아에서의 새로운 국가들의 탄생과 재편을 의미하는 것이었으니, 새롭게 편성되는 이 국가들이 필요로 하는 '국민people' 역시 새롭게 만들어져야 했다. 새로운 국민들은 우선 새롭게 그어진 영토, 즉 국경선 안으로 들어와야 했고, 새로운 국민에 걸맞는 새로운 정신을 갖추어야 했다. 요컨대 사람들은 새로운 국가의 경계 안으로 이동해야 했고, 새로운 국가의 구성원으로서 거듭나야 했는데, 충분히 짐작할 수 있다시피, 그 이동의 과정은 결코 평화롭거나 순탄하지 않았고 새로운 국민으로서의 재탄생 역시 단순하지 않았다. 당대의 소설들은 이 순탄치 않은 이동과 재탄생의 과정을 다양한 각도에서 그려내고 있다. 그 몇 장면들을 살펴보자.

 우선, 어제까지 제국의 충실한 '황국 신민(皇國臣民)'이었던 '조선인'에게 해방이란 무엇이었던가? 특히 이런저런 사정으로 일본이나 만주 지역에서 생활하고 있던 '조선인'들에게 해방이란 무엇이었고 또 무엇을 해야만 하는 것이었던가? 무엇보다도 그것은 해방된 '조국'으로 되돌아가는 것이었고, '황국 신민'으로서의 정체성을 버리고 무엇이 될지는 아직 불분명한 '새 나라'의 '국민' 혹은 '인민'으로 거듭나야 하는 것이었다.

해방이 육체의 귀환만이 아니라 정신적 귀환을 얼마나 강력하게 요구하는 것이었는가 하는 점을 엄흥섭(嚴興燮, 1906~?)의 단편「귀환일기」(1946)만큼 극명하게 보여주는 작품도 드물다. '여자 정신대'로 일본에 끌려와 탄약을 만드는 공장에서 일하다, 술집의 작부로 전락하고 만 '순이'는 해방을 맞아 귀국길에 오른다. 그녀는 역시 귀국 길에 오른 50여 명의 조선인들과 함께 나흘 밤낮을 걸어 시모노세키(下關)에 이른다. 추위와 배고픔과 육체적 고통으로 점철된 귀환 길이지만 조선인 귀환자들 사이에는 상호 부조와 희생의 정신이 흘러넘친다. 순이는 "애비 모를 자식을 밴 자기의 몸이 값없이 천하다는 것"에 심한 부끄러움을 느끼지만, 동시에 다음과 같이 자신을 위로한다.

비록 몸은 천한 구렁 속에 처박히었을망정 원수 일본인에게는 절대로 몸을 허하지 않았다. 그렇다면 뱃속에 든 어린아이는 역시 조선의 아들이 아닌가! 독립되려는 조선에 만일 더러운 원수의 씨를 받아가지고 도라간다면 이 얼마나 큰 죄인일가! 그러나 결코 그런 붓그러운 죄는 짓지 안었다. 다만 애비를 알 수 없는 어린애를 배었다는 사실만은 시집 안 간 처녀로서 커다란 치명상이요 불명예이나 그러나 조선 사람의 씨를 바든 것만은 떳떳이 자랑할 만한 사실이 아닐가

'원수의 땅'에서 '천한 구렁 속에 처박혔던 몸'은 '새 나라'가 요구하는 새로운 '조선의 아들'을 바침으로써 모든 허물을 씻어 버리고 거듭날 수 있다—이것이야말로 해방기 귀환 서사의 핵심적인 메시지였다(그러나 이것이 바로 어제까지 일본 제국이 황국 신민에게 요구하던 논리였다는 사실에 대한 인식은 물론 해방의 감격 혹은 환각 속에서 간단히 잊혀졌나). 배 안에서 담요 한 장으로 몸을 가리고 아이를 낳은 순이 옆에서 귀환 길에 오른 '전재 동포'의 입을 빌려 작가가 다음과 같이 이 출산에 의미를 부여하는 것을 유의해 보라.

"익크 고초자지 봐라! 너야말루 정말 우리 조선나라 건국동이로구나!"
휘장 안에서 외치는 서울 노인의 우슴 석긴 고함 소리는 배 안에 탄 여러 선객들을 한꺼번에 기쁘게 하였다.

그런데 '조선 사람의 씨를 받은 것만은 떳떳이 자랑할 만한 사실'이라는 순이와는 달리 귀국선에는 또 다른 만삭의 '대구 여인'이 있다. 모든 이들의 축복과 웃음 속에서 순이가 건강한

아이를 출산하는 그때 아무도 보지 않는 배 한구석에서 '대구 여인'도 아이를 낳는다.

아까 순이가 아이를 낫는 것까지 보고 있든 대구 여인이 샛밝간 아이를 난 채 쓰러졌다.
"아이유 이 치운 데 나와서 이게 웬일이요! 응?"
부인네 하나가 깜작 놀라며 산모를 부축해 일으킨다. 한 여인은 어느 틈에 우는 어린아이를 부둥켜안으려 한다.
"보듬지 마시소. 원수놈의 씨알머리요. 내가 미친년이지. 어쩌다가 타국 놈의 씨를 바덧섯는지 몰르겠구만!"
대구 여인은 별반 괴로워 보이는 기색도 없이 언제 아이를 나엇느냐는 듯 태연스럽게 자기가 나은 어린애를 물그럼이 바라보기만 한다.
〔……〕
"내차 두소 웬수 놈의 씨알머리요 우리 조선이 인제 독립되게 됬는데 웬수 놈의 씨를 나가지고 가면 되겠능기오!"

귀환의 과정 속에 강력하게 개입해 있는 이 정치 의식의 자발성과 강제성의 경계를 명확히 가리기는 불가능할 것이다. 그러나 대부분의 귀환 서사가 엄흥섭의 「귀환 일기」에서 보이는 바와 같은 강력한 민족적 주체로의 갱신과 과거 청산을 기본적인 문법으로 삼고 있음은 틀림없는 사실이다. 그리고 이 청산의 문법은 또한 '원수들'에 대한 가차 없는 증오와 복수심을 내재한 것이었다. 다시 말해, 일본이나 만주로부터의 귀환이 '과거의 때'를 씻어버리고 새 사람으로 거듭나는 민족적 통과 제의를 필요로 하는 것이었다면, 동시에 그것은 과거의 지배자였던 일본과 일본인에 대한 철저한 응징과 복수를 동반하는 것이었다.

만주국에서 만선일보의 주필로 일하고 있던 염상섭 역시 귀환과 연관된 꽤 많은 작품을 남겼는데, 그 소설들 역시 그러한 기본적인 문법을 충실히 따르고 있다. 「첫걸음」(1946), 「엉덩이에 남은 발자국」(1947), 「삼팔선」(1948), 「이합(離合)」, (1948), 「재회」(1948) 같은 소설들은 만주로부터 북한 지역에서 삼팔선을 넘어 서울로 귀환하기까지의 과정을 그려낸다. 돌아간다는 것이 단지 몸의 돌아감만이 아니라 새로운 정신과 정체성으로의 돌아감이며, 과거의 것, 즉 일본과 일본인과 연관된 모든 것을 깨끗이 청산하는 것임을 이 소설들 역시 강조한다. 일본인 여자와 결혼하여 일본인 '마쓰노'로 살아온 인물이 해방과 함께 조선인 '조준식'으로 되돌아가는 이야기(「첫걸음」), 과거에 수모를 받았던 일본인 형사에게 통쾌한 복수를 하는 이야기(「엉덩이에 남은 발자국」) 등에서 그 점을 확인할 수 있다.

특히 그 자신 규슈 탄광으로 징용당했다가 해방과 더불어 귀국한 체험을 가지고 있는 안회남(安懷南, 1910~?)의 단편 「섬」(1946)은 고국으로의 귀환이 새로운 국민으로서의 '자격'

을 요구하는 것이었음을 선명하게 보여준다. 일본인 여자와 결혼해서 정착해 살았던 조선인 광부들은 처자를 데리고 조선으로 돌아갈 수 없기 때문에 이러지도 저러지도 못하는 딱한 처지에 빠진다. "僕は朝鮮へ歸るんだ(나는 조선에 돌아간다)"라는 엽서만을 남기고 일본을 떠나온 '박서방'은 선뜻 조선으로 가지 못하고 쓰시마(대마도)에 머물면서 방황한다. 결국 그는 조선에 돌아오기는 하나, 화자의 눈에 비친 그의 모습은 "검푸른 물결 속에 외로이 선 섬" 같은 느낌을 주는 것이었다.

조선인들의 귀환이 그런 것이었다면, 일본인들의 그것은 어떠했을까? 8·15 이후 만주 지역으로부터 조선 반도를 거쳐 일본으로 귀환하는 일본인들의 철수 과정이 유례없는 고난의 길이었음은 잘 알려진 사실이다. 일본인 인양자(引揚者: 귀환자)들은 추위와 굶주림만이 아니라 소련군 또는 중국인, 조선인 등에 의한 살인, 약탈, 강간의 대상이 되었다. 이 비참을 극한 철수의 경험을 담은 수기(手記) 중에서 가장 널리 알려진 것은 후지와라 데이(藤原貞)의 『흐르는 별은 살아 있다(流れる星は生きている)』(1949) 같은 것인데, 일본인 귀환자들의 이러한 철수 과정의 참혹함은 전후에 일본인들로 하여금 자신들을 전쟁의 '피해자'로 기억하게끔 하는 가장 중요한 집단적 경험으로 자리 잡았다.

"일본놈 여러 개"를 잡았다고 자랑스럽게 말하는 소년이 등장하는 허준의 「잔등」으로 다시 돌아가보자. 소년에게서 뿜어 나오는 원시적 생명력으로부터 느끼는 매력과는 달리, 화자는 소년이 자랑스럽게 내뱉는 '일본놈 사냥'의 무용담에는 별다른 반응을 보이지 않는다. 그는 냉정한 관찰자의 자리에서 소년으로 하여금 자신의 이야기를 말하게 한다. 멀고 험난한 귀환 길에서 화자는 자주 깊은 공허감과 적막감에 사로잡힌다.

소설의 말미에서 화자는 좁고 어두운 골목길의 한 허름한 국밥집에서 홀로 사는 '할머니'와 대화를 나눈다. 할머니의 유일한 혈육인 외아들은 해방 한 달 전에 감옥에서 죽었는데, 그는 아마도 노동 운동에 연루되어 투옥된 듯하며 아들의 동지인 일본인 '가도오' 역시 감옥에서 죽었다. 아들의 말에 따르면, '가도오'의 죄는 오로지 "일본 사람은 일본 바다에서 나는 멸치만 잡아먹어도 넉넉히 살아갈 수 있다고 한 것"뿐이다. 일본 제국주의에 대한 조선인과 일본인의 연대 투쟁을 이렇게 간명하게 표현한 구절은 달리 찾기 어려울 것이다.

그러나 이 소설에서 가장 빛나는 대목은, 아들을 잃고 홀로 어둠 속에서 살아가던 늙은 '할머니'가 해방을 맞아 비참하게 전락한 일본인들을 보면서 다음과 같이 말하는 장면일 것이다.

"부질없는 말로 이가 어찌 안 갈리겠습니까? 하지만 내 새끼를 갔다 가두어 죽인 놈들은 자빠져서 다들 무릎을 꿇었지마는, 무릎을 꿇은 놈들의 꼴을 보면 눈물밖에 나는 것이 없이 되었습니다그려. 애비랄 것 없이 남편이랄 것 없이 잃어버릴 건 다 잃어버리고 못 먹고 굶주리어 피골이 상접해서 헌 너즐떼기에 깡통을 들고 앞뒤로 허친거리며, 업고 안고 끌고 주주 끼고 다니는 꼴들—어디 매가 갑니까. 벌거벗겨놓고 보니 매 갈 데가 어딥니까."

'원수의 종자들'에 대한 가차 없는 증오와 복수의 일념만이 새로운 주체 탄생의 표징이 될 수 있었던 시대에서, '그 종자들을 벌거벗겨놓고 보니 매 갈 데가 어디냐'고 묻는 이 '할머니,' "저것들이 저, 업고, 잡고, 끼고, 주렁주렁 단 저 불쌍한 것들이 가도오의 종자인 것을 모른다고 할 수 없겠으니 어떻게 눈물이 아니 나"겠느냐고 말하는 이 '할머니'의 형상은 당대의 소설은 물론이고 그 이후의 한국 소설에서도 찾아보기 힘든 것이다.

생각건대, 해방이 진정한 해방이라면, 실로 그것은 이 '할머니'와 같은 것이어야 했다. 진정한 해방은 어제의 원수의 참혹한 정경을 그들이 져야 마땅할 악행에 대한 징벌로서가 아니라, "인간이 지는 역사적 고통의 무게"로 인식하고, 거기에서 "타자의 얼굴을 봄으로써" 진정한 "윤리적 태도"를 획득하는 것이어야 했다.[2] 진정한 귀환은 원수에 대한 증오를 키우면서 새로운 '민족 주체'로 거듭남으로써 완성될 것이 아니라, 무엇이 그러

---

2) 신형기, 「허준과 윤리의 문제」, 『상허학보』 17집, 2006, p. 188.

한 고통을 낳았던가를 스스로에게 되묻고 또다시 되묻는 윤리적 성찰을 통해서만 이루어질 것이었다.

그러나 해방기의 수많은 소설들과 귀환 서사들이 보여주듯, 만주에서, 일본에서, 남양에서 귀환하는 모든 이들을 사로잡은 것은 성마른 청산과 쇄신에의 욕망이었다. 의심과 머뭇거림은 용납되지 않았고 새로운 배제와 포섭의 경계는 거침이 없었다. 가해자를 복수와 응징의 정서로서가 아니라, 지극한 용서와 연민의 시선으로 바라보는 성숙한 주체 의식은 생겨나지 않았다. '매 갈 데가 어디냐'는 성찰의 윤리적 감각은 (어쩌면 해방 이후 60년도 더 된 지금까지도) 어디에도 발붙일 데 없었다. 허준의 「잔등」이 오늘 새삼스레 읽히는 까닭은 거기에 있다.

■ 문지스펙트럼

제1영역 한국 문학선

1-001 별(황순원 소설선/박혜경 엮음)

1-002 이슬(정현종 시선)

1-003 정든 유곽에서(이성복 시선)

1-004 귤(윤후명 소설선)

1-005 별 헤는 밤(윤동주 시선/홍정선 엮음)

1-006 눈길(이청준 소설선)

1-007 고추잠자리(이하석 시선)

1-008 한 잎의 여자(오규원 시선)

1-009 소설가 구보씨의 일일(박태원 소설선/최혜실 엮음)

1-010 남도 기행(홍성원 소설선)

1-011 누군가를 위하여(김광규 시선)

1-012 날개(이상 소설선/이경훈 엮음)

1-013 그때 제주 바람(문충성 시선)

1-014 보이는 것을 바라는 것은 희망이 아니므로(마종기 시선)

1-015 내가 당신을 얼마나 꿈꾸었으면(김형영 시선)

제2영역 외국 문학선

2-001 젊은 예술가의 초상 1(제임스 조이스/홍덕선 옮김)

2-002 젊은 예술가의 초상 2(제임스 조이스/홍덕선 옮김)
2-003 스페이드의 여왕(푸슈킨/김희숙 옮김)
2-004 세 여인(로베르트 무질/강명구 옮김)
2-005 도둑맞은 편지(에드가 앨런 포/김진경 옮김)
2-006 붉은 수수밭(모옌/심혜영 옮김)
2-007 실비/오렐리아(제라르 드 네르발/최애리 옮김)
2-008 세 개의 짧은 이야기(귀스타브 플로베르/김연권 옮김)
2-009 꿈의 노벨레(아르투어 슈니츨러/백종유 옮김)
2-010 사라지느(오노레 드 발자크/이철 옮김)
2-011 베오울프(작자 미상/이동일 옮김)
2-012 육체의 악마(레이몽 라디게/김예령 옮김)
2-013 아무도 아닌, 동시에 십만 명인 어떤 사람
       (루이지 피란델로/김효정 옮김)
2-014 탱고(루이사 발렌수엘라 외/송병선 옮김)
2-015 가난한 사람들(모리츠 지그몬드 외/한경민 옮김)
2-016 이별 없는 세대(볼프강 보르헤르트/김주연 옮김)
2-017 잘못 들어선 길에서(귄터 쿠네르트/권세훈 옮김)
2-018 방랑아 이야기(요제프 폰 아이헨도르프/정서웅 옮김)
2-019 모데라토 칸타빌레(마르그리트 뒤라스/정희경 옮김)
2-020 모래 사나이(E. T. A. 호프만/김현성 옮김)
2-021 두 친구(G. 모파상/이봉지 옮김)
2-022 과수원/장미(라이너 마리아 릴케/김진하 옮김)
2-023 첫사랑(사무엘 베케트/전승화 옮김)
2-024 유리 학사(세르반테스/김춘진 옮김)
2-025 궁지(조리스 칼 위스망스/손경애 옮김)
2-026 밝은 모퉁이 집(헨리 제임스/조애리 옮김)
2-027 마틸데 뫼링(테오도르 폰타네/박의춘 옮김)
2-028 나비(왕멍/이욱연·유경철 옮김)

제3영역 세계의 산문

3-001 오드라덱이 들려주는 이야기(프란츠 카프카/김영옥 옮김)

3-002 자연(랠프 왈도 에머슨/신문수 옮김)

3-003 고독(로자노프/박종소 옮김)

3-004 벌거벗은 내 마음(샤를 보들레르/이건수 옮김)

3-005 말라르메를 만나다(폴 발레리/김진하 옮김)

제4영역 문화 마당

4-001 한국 문학의 위상(김현)

4-002 우리 영화의 미학(김정룡)

4-003 재즈를 찾아서(성기완)

4-004 책 밖의 어른 책 속의 아이(최윤정)

4-005 소설 속의 철학(김영민·이왕주)

4-006 록 음악의 아홉 가지 갈래들(신현준)

4-007 디지털이 세상을 바꾼다(백욱인)

4-008 신혼 여행의 사회학(권귀숙)

4-009 문명의 배꼽(정과리)

4-010 우리 시대의 여성 작가(황도경)

4-011 영화 속의 열린 세상(송희복)

4-012 세기말의 서정성(박혜경)

4-013 영화, 피그말리온의 꿈(이윤영)

4-014 오프 더 레코드, 인디 록 파일(장호연·이용우·최지선)

4-015 그 섬에 유배된 사람들(양진건)

4-016 슬픈 거인(최윤정)

4-017 스크린 앞에서 투덜대기(듀나)

4-018 페넬로페의 옷감 짜기(김용희)

4-019 건축의 스트레스(함성호)

4-020 동화가 재미있는 이유(김서정)

제5영역 우리 시대의 지성

5-001 한국사를 보는 눈(이기백)

5-002 베르그송주의(질 들뢰즈/김재인 옮김)

5-003 지식인됨의 괴로움(김병익)

5-004 데리다 읽기(이성원 엮음)

5-005 소수를 위한 변명(복거일)

5-006 아도르노와 현대 사상(김유동)

5-007 민주주의의 이해(강정인)

5-008 국어의 현실과 이상(이기문)

5-009 파르티잔(칼 슈미트/김효전 옮김)

5-010 일제 식민지 근대화론 비판(신용하)

5-011 역사의 기억, 역사의 상상(수경철)

5-012 근대성, 아시아적 가치, 세계화(이환)

5-013 비판적 문학 이론과 미학(페터 V. 지마/김태환 편역)

5-014 국가와 황홀(송상일)

5-015 한국 문단사(김병익)

5-016 소설처럼(다니엘 페나크/이정임 옮김)

5-017 날이미지와 시(오규원)

5-018 덧없는 행복(츠베탕 토도로프/고봉만 옮김)

5-019 복화술사들(김철)

5-020 경제적 자유의 회복(복거일)

제6영역 지식의 초점

6-001 고향(전광식)

6-002 영화(볼프강 가스트/조길예 옮김)

6-003 수사학(박성창)

6-004 추리소설(이브 뢰테르/김경현 옮김)

6-005 멸종(데이빗 라우프/장대익·정재은 옮김)

6-006 영화와 음악(구경은)

제7영역 세계의 고전 사상

7-001 쾌락(에피쿠로스/오유석 옮김)

7-002 배우에 관한 역설(드니 디드로/주미사 옮김)

7-003 향연(플라톤/박희영 옮김)

7-004 시학(아리스토텔레스/이상섭 옮김)